わが家のおいしい
梅干し・梅シロップ・梅酒のレシピ

柳澤由梨

はじめに

私の初めての梅仕事は小学生の頃、夏休みの自由研究に梅干しを作り、自作の本にまとめたことでした。山梨県にある祖父母の家には梅の木があり、祖母は毎年その梅を使い、真っ赤で口がよじれる程酸っぱい梅干しを作っていました。ひと口含めば、ご飯一膳食べられたその梅干しが私は大好きでした。どうやって作るんだろうという素朴な疑問から祖母や母に梅干し作りを習ったのです。

　今では毎年たくさんの梅を取り寄せて、様々に加工し、それを一年かけて私のお店『庭　niwa』でお出ししています。梅シロップはお店でも人気の夏のドリンクで、心待ちにしてくださる方もいらっしゃいます。

　この本では失敗なく作れる基本的な梅仕事をいくつも紹介しています。まずは一度、レシピにある分量のとおりに作ってみてください。

梅仕事の楽しさは、理科の実験のような経過観察にもあります。例えば瓶の中で日に日に氷砂糖が溶けていくさま、追熟していく梅の色や芳香の変化、土用干ししている時の美味しそうになっていくさまは可愛らしく、見ているだけで白いご飯が食べたくなってくるほどです。

　ぜひ、これらの変化を楽しみながら出来上がりを食べてみてください。そして今度は、ご自分なりの梅仕事を見つけてください。

　梅仕事の仕上がりは、毎年の梅の出来や天候の変化で多少の違いが起こります。私はそれが梅仕事の魅力のひとつだと感じています。

　本書の梅仕事を通して、それがご自身の毎年の定番となればうれしいです。

庭　柳澤由梨

もくじ

part 1 梅干し

column

part 2 梅シロップ・梅サワー・梅酒

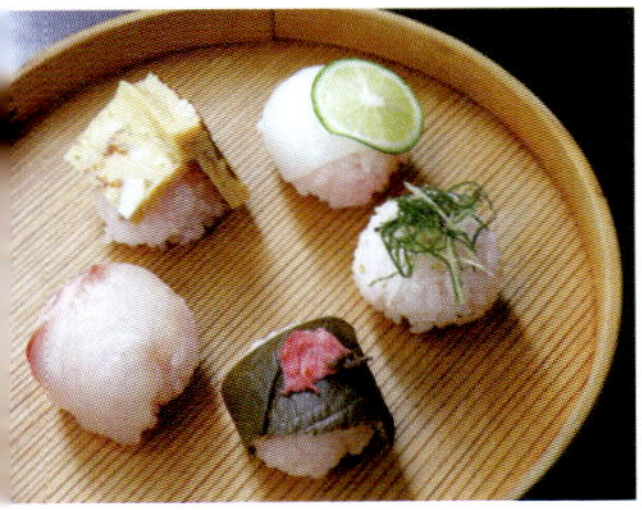

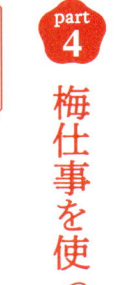

本書の使い方

- 計量の単位は小さじ1=5mℓ、大さじ1=15mℓ、1カップ=200mℓです。なお「ひとつまみ」は親指と人さし指と中指3本でつまんだ量です。
- オーブン、電子レンジの加熱時間は目安です。機種による差違があるので様子を見ながら調節してください。
- Part4で紹介している梅料理で使っている梅干しなどは、本書Part1～3で紹介しているものです。市販品などを使う場合は調味料の分量を適宜調節してください。

梅仕事カレンダー

5月の半ばを過ぎて出回る小梅から始まって、青梅、黄熟梅が続いて店頭に並びます。梅の出回る期間はそう長くはありません。タイミングをのがさず作ることができるように、なにを作るか決めて梅仕事の予定をたてましょう。

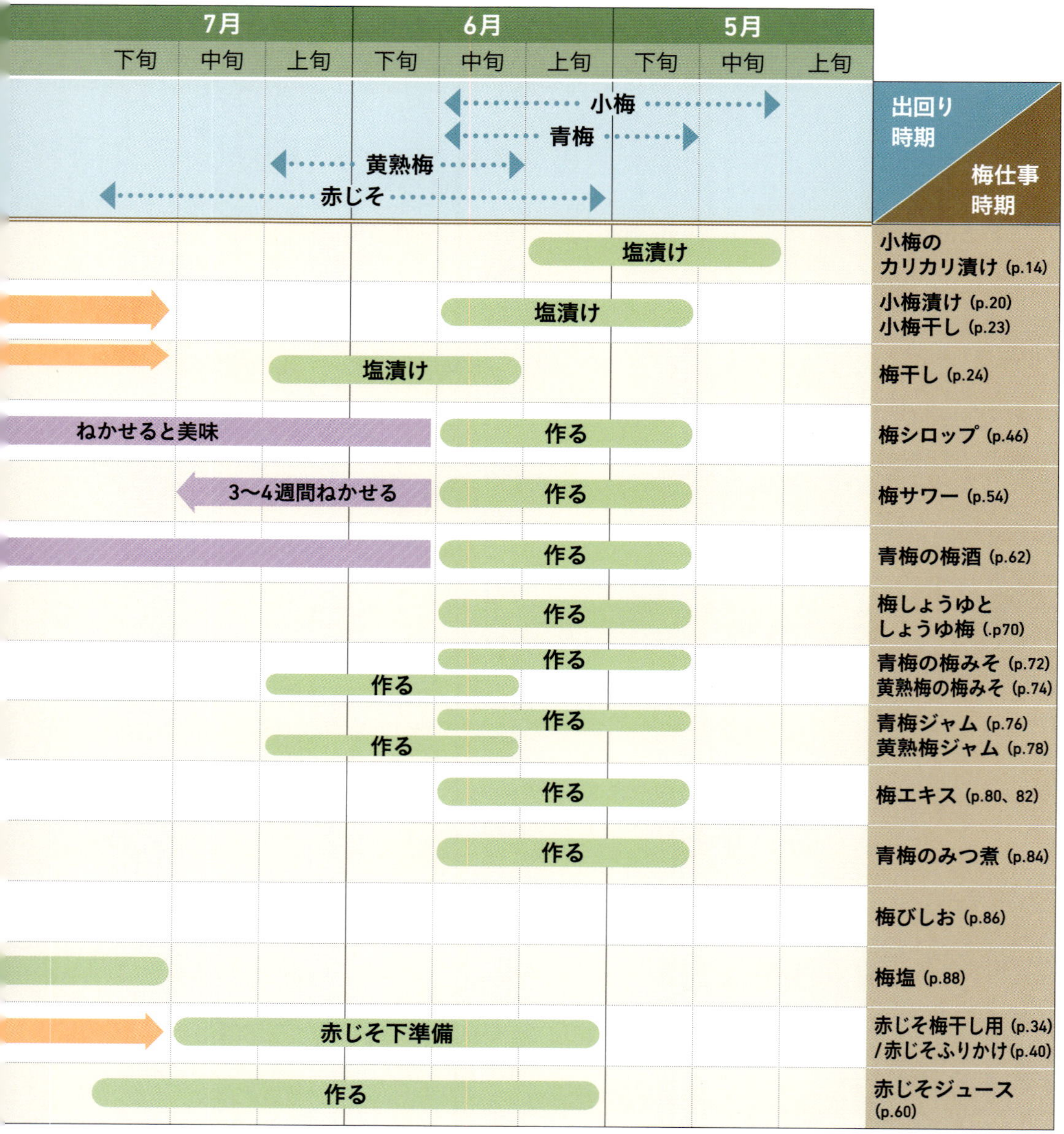

梅を購入する前に知っておきたいこと

◆梅の販売情報をチェック

スーパーマーケットや八百屋で購入するなら、5月の半ばになったら入荷の予定を確かめておき、さらに店頭を時々チェックすること。産地から取り寄せる場合は、ゴールデンウィークあたりから情報を集めておきましょう。

◆購入量を決める

何をどれだけ作るのかを決めて、必要な梅の量を把握しましょう。みずみずしい青梅が手に入る時期は短いので、迷っているとその間に販売が終わってしまうので注意が必要です。

◆産直は到着日に受け取る

梅の時期は気温も湿度も高くなる梅雨どき。梅はム

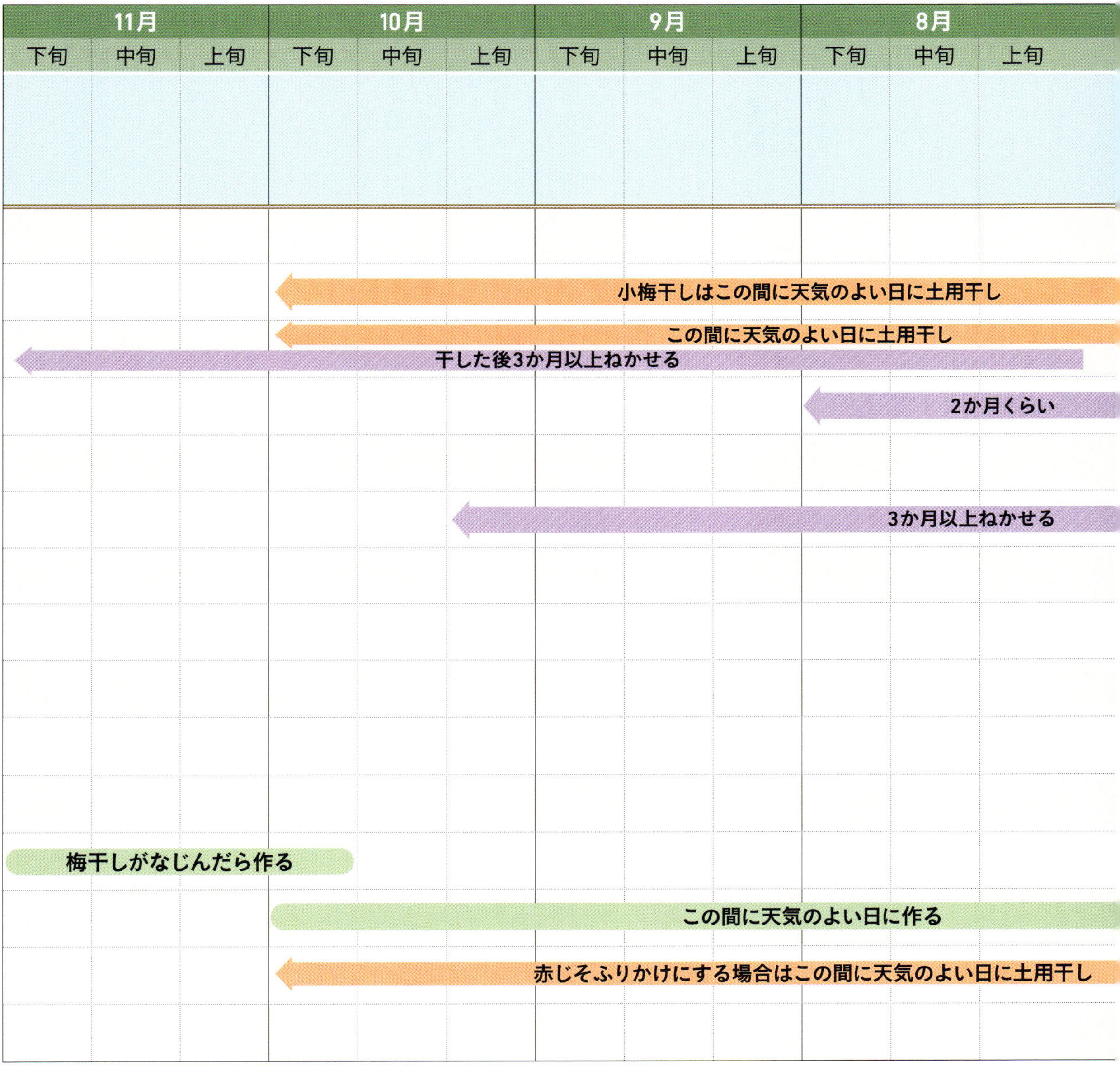

レに弱いので、産直宅配便は到着日に受け取り、ダンボール箱のふたを開けて風を通すこと。密閉したまま放置すると劣化しがちです。

◆調味料と道具を準備する

梅仕事をする日までに、塩、砂糖、酢、酒などの調味料、漬ける器や保存袋、重し、ふきん、アルコール除菌液などをそろえておくこと。梅を待たせることなく、すみやかに梅仕事にかかれるように準備しましょう。

◆梅が未熟なときは追熟する

黄熟梅がほしいのに届いた梅がまだ黄色く熟していなかった場合は、1～2日おいて追熟させましょう。追熟のさせ方→p.10

※このカレンダーは、平年の気候を基準にした関東地方の梅の出回り状況によるものです。その年の気候や地域差などで多少の変動があります。気候や梅の出回り情報をまめにチェックしてください。

用途に合わせた分別と追《つい》熟《じゅく》

梅の実は熟し具合で大きく分けて、青く未熟な「青梅」、黄色く追熟させた「黄熟梅《おうじゅくうめ》」、木で完熟させた「木《き》熟梅《じゅくうめ》」があります。一般に市販されているのは「青梅」と「黄熟梅」です。用途に合わせて買いましょう。もし「青梅」のなかに色づき始めたものが混ざっていたら、青いものと黄色く色づいているものを、それぞれ分けて使いましょう。

分別する

「青いもの」、「黄色く色づいたもの」、「キズのあるもの」の3グループに分ける。面によって色づきが異なるので、手にとって梅全体を見て分別すること。

「青い梅」は青梅として使う

青梅はアクが強いので水にさらしてアクをぬいてから用いる。実がかたくしまっているので扱いやすく、とくに梅サワー(p.54)、梅酒(p.62)、梅しょうゆ(p.70)はシンプルに漬けるだけなので初心者にもおすすめ。

「キズのあるもの」も活用できる

肉までえぐれている

梅干しには不向き。その部分はとり除いてジャムや梅みそなど加熱調理するものに。

表面にキズやシミがある

梅干しには不向き。梅シロップ、梅サワー、梅酒に。

追熟してシミやキズが見えてきたもの

黄熟梅として梅干しにするほかなんでもOK。場合によっては、皮のその部分が仕上がりが少しかたかったりするが、自家用ならまったく問題ない。

「黄色く色づいた梅」は追熟する

ザルに広げて風通しのよいところに置く。段ボール箱の底に並べてふたを開けたまま置いてもよい。直射日光には当てないこと。黄熟梅は、梅干し（p.24）に最適。また梅シロップ（p.52）、黄熟梅の梅みそ（p.74）、黄熟梅ジャム（p.78）は青梅で作るのとは別の風味が楽しめる。

色づいている部分ではなく（写真右）、青い部分を表に出して並べる（写真左）。日に日に香りが高くなる。

数日後

追熟して青いところがなくなり、全体が黄色く色づいて香りのよい「黄熟梅」になるまで待つこと。

庭の梅を使いこなす

庭に梅の木がある場合は、時期をのがさず収穫しましょう。市販されている梅に比べて大小バラツキがあり、キズやシミもありますが問題なく使うことができます。

庭梅B宅・かなりキズやシミがあるが、諦めないこと。キズが表面だけのものは梅サワーや梅酒に。深くえぐれたり傷んでいるものはその部分を除いてジャムに。

庭梅A宅・梅干しにするには粒が少し小さいけれど、きれいな実は梅シロップに、キズやシミのあるものは梅サワーや梅酒に。

梅別

梅仕事の早見表

季節限定の梅仕事。順次出回る小梅、青梅、黄熟梅をおいしく楽しむためのチャートです。

小梅

青い小梅

小梅のカリカリ漬け
→p.14

黄熟小梅

小梅漬け
→p.20

黄熟小梅シロップ
→p.52

小梅干し
→p.23

梅

青梅

梅サワー
→p.54

梅シロップ
→p.46

梅しょうゆ・しょうゆ梅
→p.70

梅酒
→p.62

青梅ジャム
→p.76

青梅の梅みそ
→p.72

青梅のみつ煮
→p.84

梅エキス
→p.80、82

黄熟梅

梅干し

赤梅干し
→p.29

白梅干し
→p.24

黄熟梅ジャム
→p.78

黄熟梅の梅みそ
→p.74

梅酒
→p.66

part 1

梅干し

「梅干し作りは大変そう」というイメージがありますが、梅干しは塩に漬けて梅酢があがるのを待つ。梅酢があがったら土用を待つ。土用になったら干して保存して熟成を待つ。というように、「待つ時間」がおいしく仕上げてくれる梅仕事。意外と簡単にできるうえに味は極上です。基本の梅干しのほか、少量を保存袋で漬ける梅干し、小梅のカリカリ漬けも紹介しています。

小梅のカリカリ漬け

5月中旬–6月上旬

5月の端午の節句が過ぎて甲州小梅が出回り始めたら、その年最初の梅仕事、「小梅のカリカリ漬け」を作りましょう。カリカリとさわやかな食感と香味に仕上げるには、梅がやわらかくなるのを防止する卵の殻や貝殻などカルシウムを加えるのがポイントです。しかし、長くおくとカリカリ感が弱くなるので、食感を楽しみたい場合は6か月くらいで食べきりましょう。

Data

〈食べごろまでの所要日数〉
約10日

〈保存方法〉
保存容器に入れて冷蔵庫に

〈賞味期間〉**6か月**

材料（作りやすい分量）

甲州小梅の青いもの …1kg
粗塩 …150g（梅の重さの15%）
卵の殻…2個分

用意するもの

- ジッパーつき密閉保存袋（Lサイズ）
- 同じ大きさのバット2枚（26×20cm）
- 重し1kgを2個（砂糖1kg袋を2袋）
- アルコール除菌液
- ストロー

使う梅 **甲州小梅**

小形の梅のひとつで、主な産地は山梨県。サイズは1粒4〜6g。香りがよく、そのままかじると青りんごのような味がする。青いうちに塩漬けにしてカリカリと食感を残した「カリカリ梅」にするほか、普通の小粒の梅干しにもする。旬は5月中旬から6月上旬。

小梅のカリカリ漬けができるまで

当日
- 梅の下準備をする
- 塩に漬ける
- 梅の重さの2倍の重しをする

半日ほど
- 梅酢があがる

2〜3日後
- 重しを半分にする

4〜5日後
- 梅酢をまわす

（梅の重さの2倍の重しをする〜梅酢をまわす：この間、毎日保存袋の上下を返す）

約1週間後
- 保存容器に移す

2〜3日後に食べごろ

下準備

当日

1 水にさらす

ざっと洗って表面の汚れを流す。青い小梅はそのまま漬けると渋みがでるので、1〜2時間水にさらしてアクをぬく。

Point

水にさらすとカリカリ感がなくなるという説もあるが、試して比べてみた結果、水にさらしてもカリカリ感は変わらなかった。アクがぬけておいしいので、この工程は省かないこと。

2 ヘタをとる

水にさらした小梅はキッチンペーパーに並べて水けをきり、竹串でなり口のヘタをとり除く。なり口の凹みに水が入るので、ヘタをとってからは、水洗いしたり水にさらしたりしないこと。

Point

竹串でヘタを持ち上げるようにするとよい。このとき梅の実を傷つけないように注意すること。とれない場合は無理にほじり出さなくてもOK。

3 選別する

ヘタをとりながら選別する。小梅はひと晩で水が上がるので、えぐれやキズから腐敗したりカビたりすることはない。腐っているもの以外は使って大丈夫。

Point

シミがあっても、えぐれていても、小梅はこれくらいなら問題なし！シワがよっているものは乾燥しているので、梅シロップや梅酒にするとよい。

4 水けをふく

清潔で吸水性のよいタオルやふきんで包むようにして水けをふきとる。小梅はなり口の凹みが浅いので水は残りにくいが、注意してていねいにふきとること。水が残ると傷みやカビの原因になる。

5 卵の殻を用意する

梅の果肉のかたさを保つために、カルシウムを加える。卵の殻の内側の膜をとり除いて煮沸消毒し、だし用の紙パックに入れて用いるとよい。卵の殻のほか、貝の殻でもよいし、カルシウム剤でもよい。

6 消毒する

4の小梅をボウルに入れ、アルコール除菌液を全体が濡れるくらい噴霧し、手で大きく混ぜて小梅のひと粒ひと粒にいきわたるようにする。

Point 卵の殻の扱い方

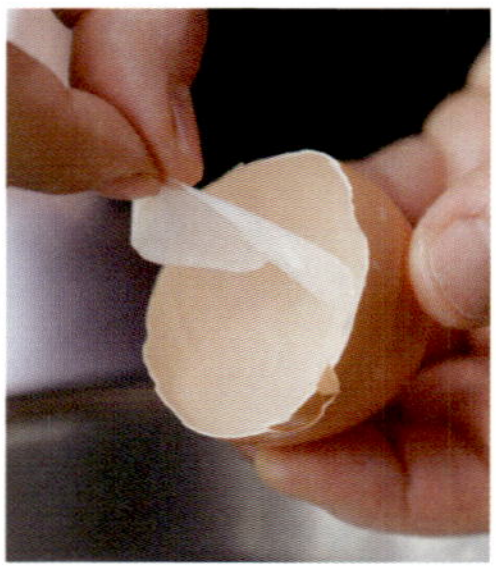

卵の殻は内側の薄い膜をとる。

膜をとった卵の殻は煮立った湯に入れ、5分ほどグラグラ煮て消毒する。

キッチンペーパーを敷いたザルに並べ、ひとつひとつ水けをふく。

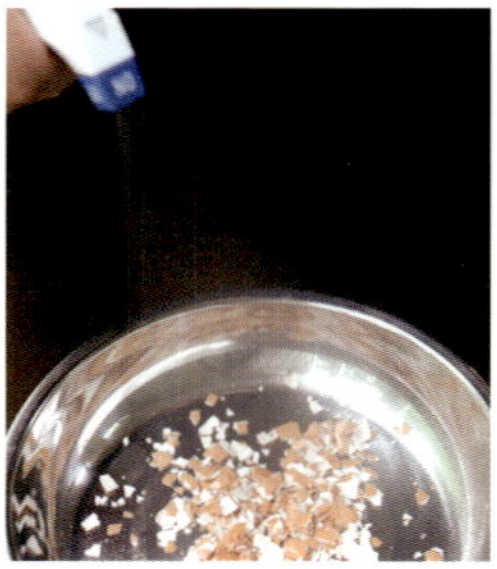

砕いて、アルコール除菌液で消毒。

塩漬け

7 塩をまぶす

塩を加え、ボウルの底から大きく混ぜて、まんべんなく塩がまぶさるように混ぜる。

Point

小梅にアルコール除菌液が均一にかかって濡れていると、塩も均一に付着してしっかりまぶすことができる。

8 保存袋に入れる

袋の口を大きく広げて7の小梅を半分くらい入れ、5の卵の殻のパックを入れ、残りの小梅を入れる

Point

ボウルに残った塩も手についた塩も15%の塩加減の一部なので、残さずに袋に加えること。ここで残すと塩の割合が減ってしまうので注意。

9 袋の空気をぬく

保存袋の空気をぬきながらジッパーを閉じ、最後にストローを差し入れて袋に残っている空気を吸い出す。

Point

このとき塩を吸い込まないよう、ストローの先は梅に触れないように浅く入れること。

10 バットに入れる

バットに**9**を入れ、平らにならして置き、袋の口を上に出して折る。

Point

ジッパーつき保存袋で漬ける場合は、必ず袋の口を表にして折ること。これで梅酢が急に上がってきても漏れを防ぐことができる。

11 梅の2倍の重しをする

均等に重しがかかるように同じ大きさのバットを重ね、梅の重さの2倍（2kg）の重しをのせて、冷暗所に置く。最初の2〜3日は梅酢が早く上がるように重めに重しをかける。

12 梅酢があがる

半日ほどでこのように梅酢が出てくる。これを梅仕事では「梅酢があがる」という。こうなればもうカビたりする心配がない。

Point

梅酢が均一にゆきわたるように、毎日1回保存袋の表裏を返して（袋の口は表に出して折り直す）、また重しをする。この時、変化を観察してメモをしておくと次に作るときに参考になる。

2〜3日後

13 重しを半分にする

塩がかなり溶けて全体に梅酢がまわってきたら重しを半分にする。

Point

引き続き毎日1回保存袋の表裏を返して(袋の口は表に出して折り直す)、重しをする。

4〜5日後

14 梅酢をまわす

塩がほぼ溶けて、梅酢がたっぷりあがってきたら、均一にいきわたるように保存袋の上からならす。

Point

引き続き毎日1回保存袋の表裏を返し(袋の口は表に出して折り直す)、また重しをして2〜3日おく。

約1週間後

15 保存容器に移す

すっかり塩が溶けて梅酢があがったら、梅と梅酢を分けてそれぞれ容器に移して冷蔵庫で保存する。すぐ食べられるが、なじんだ2〜3日後くらいからがおいしい。

Point

半年くらいを過ぎると、カリカリ感が弱くなるので、早めに食べきること。

「小梅のカリカリ漬け」を活用した料理は → P.101
「梅酢」を活用した料理は → P.92

小梅漬け

5月下旬－6月中旬

お弁当に丁度よいサイズで重宝する小梅。黄熟したものを用いますが、皮がかたく果肉が少ないので、干さずに梅酢に漬けたまま熟成させて「白小梅漬け」にするのが簡単です。また、「赤小梅漬け」にしたいなら赤じそを加えましょう。保存袋で漬けるので、半分だけ取り分けて赤じそ入りにしすることもできます。長期保存したい場合は、小梅干しにしましょう。

Data

〈食べごろまでの所要日数〉 **約1か月**

〈保存方法〉 **保存容器に入れて冷蔵庫に**

〈賞味期間〉 **6か月**

材料（作りやすい分量）

小梅の黄熟したもの
… 1kg

粗塩
… 150g（梅の重さの15%）

用意するもの

- ジッパーつき密閉保存袋（Lサイズ）
- 同じ大きさのバット2枚（26×20㎝）
- 重し1kgを2個（砂糖1kg袋を2袋）
- アルコール除菌液
- ストロー

使う梅 小梅

甲州小梅(4〜6g)、竜峡小梅(3〜4g)のほか、甲州小梅の赤みを帯びた品種、少し大きめ(8g)の前沢小梅などいろいろな品種が出回っている。本書では甲州小梅の黄熟したものを使用。

小梅漬けができるまで

当日
- 梅の下準備をする
- 塩に漬ける
- 梅の重さの2倍の重しをする

2〜3日後
- 重しを半分にする
- 梅酢をまわす

1週間後
- 保存容器に移す

（この間、毎日保存袋の表裏を返す）

〈赤小梅漬けにする場合〉
- 赤じそが出回ったら、赤じそを加える

約3週間後に食べごろ

下準備

当日

1 水洗いする

黄熟した小梅は水にさらす必要はない。水の中でかるく転がすようにしてやさしく洗い、タオルかキッチンペーパーを敷いたザルに並べて水けをきる。

2 ヘタをとり、水けをふく

竹串でなり口のヘタをとり除いて、タオルやふきんで水けをふく。なり口の凹みに水が入るので、ヘタをとってからは、水洗いしたり水にさらしたりしないこと。

3 消毒する

2の小梅をボウルに入れ、アルコール除菌液を全体が濡れるくらい噴霧する。

Point

腐っているもの、果肉までえぐれているものは除く

これくらいのシミ、キズ、シワのものは梅サワー、梅酒に。

Point

水が残ると傷みやカビの原因になるので水けを残さないようにていねいにふく。

Point

手で大きく混ぜて小梅のひと粒ひと粒にいきわたるようにする。

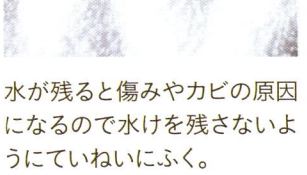

4 塩をまぶす

塩を加え、ボウルの底から大きく混ぜて、まんべんなく塩がまぶさるように混ぜる。

Point

小梅にアルコール除菌液が均一にかかって濡れていると、塩も均一に付着してしっかりまぶすことができる。

5 保存袋に入れる

別のボウルの上に保存袋の口を大きく広げて置き、4の小梅を両手ですくって移すように入れる。

Point

ボウルに残った塩も手についた塩も15%の塩加減の一部なので、残さずに袋に加えること。ここで残すと塩の割合が減ってしまうので注意。

6 袋の空気をぬく

保存袋の空気をぬきながらジッパーを閉じ、最後にストローを差し入れて袋に残っている空気を吸い出す。

Point

このとき塩を吸い込まないよう、ストローの先は梅に触れないように浅く入れること。

7 梅の重さの2倍の重しをする

バットに6を入れ、平らにならして、袋の口を上に出して折る。均等に重しがかかるように同じ大きさのバットを重ね、梅の重さの2倍（2kg）の重しをのせる。

Point

1日ほどで梅酢が出てくる。これを梅仕事では「梅酢があがる」という。こうなればもうカビたりする心配がない。梅酢が均一にまわるように、毎日1回保存袋の表裏を返して（必ず袋の口を表に出して折ること）重しをする。これで梅酢があがってきても漏れを防ぐことができる。

2〜3日後

8 重しを半分にする

塩がほぼ溶けて梅酢がたっぷりあがったら、重しを半分にする。毎日1回保存袋の表裏を返し、1週間ほどおき、梅と梅酢に分けて保存容器に移して冷蔵庫に保存。

小梅干しを作る場合

土用干しをして小梅干しにする場合は、容器に移さずそのまま重しをして常温に置き、週に1回くらい保存袋の表裏を返して土用を待つ。赤小梅干しにする場合は、途中で赤じそを加える

● 土用干し→p.36

赤小梅漬けにする場合

赤じそが出回ったら

9 赤じそを加える

「赤小梅漬け」用は、赤じそが出回るまで保存し、出回ったら下ごしらえして加える。

▼**赤じその下ごしらえはp.34**

Point

下ごしらえをした赤じそ（→p.34）をほぐし、梅酢があがった小梅の袋に加えて梅酢となじませる。バットに入れて平らにならして同じ大きさのバットを重ねて重しをして3〜4日なじませ、梅と梅酢に分けて保存容器に移す。すぐに食べられるが、塩漬けした日から数えて1か月ほどになれば、なじんでおいしくなる。

梅干し（2kg以上）

6月中旬－7月上旬

6月の半ばになって黄色く色づいた黄熟梅が出回り始めたら、梅仕事の主役、梅干し作りの時期到来です。梅干しには、塩漬けにしてそのまま干した「白梅干し」と、塩漬けに赤じそを加えた「赤梅干し」があります。どちらを作るか決めて作業の予定を立てましょう。黄熟梅は鮮度落ちしやすいので、作業する日に合わせて購入しましょう。

Data

〈食べごろまでの所要日数〉
土用干しのあと3か月
〈保存方法〉
保存容器に入れて冷暗所に
〈賞味期間〉
保存状態がよければ数十年ＯＫ

材料（作りやすい分量）

黄熟した梅（3Lサイズ）… 2kg
粗塩… 340g（梅の重さの17％）
〈赤梅干しにする場合は〉
下ごしらえした赤じそ … 50g
（「赤じその下ごしらえ」はp.34）

用意するもの

- ホウロウの容器（容量7ℓ）
- 重し5.5kg
- アルコール除菌液

使う梅　黄熟梅《おうじゅく》

梅干しには梅の果肉がたっぷりついた大きめの3Lサイズがおすすめ。なかでも果肉が厚く、皮がやわらかい南高梅が適する。黄熟すると赤みを帯びるものもある。

梅に対する塩の量
（塩17％の場合）

梅	粗塩
1kg	170g
2kg	340g
3kg	510g
5kg	850g

梅干しができるまで

当日
- 梅の下準備をする
- 塩に漬ける
- 梅の重さの2倍強の重しをする

3～4日後
- 梅酢があがったら、重しを半分にする

〈赤梅干しにする場合〉
- 赤じそが出回ったら、赤じそを加える

そのまま「土用（梅雨明け）」を待つ

土用になったら
- 3日間干す
- 保存容器に入れる

3か月後に食べごろ

下準備

当日

1 水洗いする

黄熟した梅はやわらかくて傷みやすいので水にさらさないこと。たっぷりの水の中でかるく転がすようにしてやさしく洗って水けをきる。

Point

タオルかキッチンペーパーを敷いたザルに並べて、水けをきる。

2 水けをふく

水が残ると傷みやカビの原因になるので、清潔で吸水性のよいタオルやふきんで包むようにして1個ずつていねいにふきとる。

3 ヘタをとる

竹串でなり口のヘタを持ち上げるようにするとよい。このとき果皮を傷つけないように注意すること。奥に黒いものが残っても、それは種の頭なのでそのままでよい。

Point

なり口の凹みに水が入るので、ヘタをとってからは、水洗いしたり水にさらしたりしないこと。

4 容器を消毒する

アルコール除菌液を容器の内側全体がまんべんなく濡れるくらい噴霧する。

5 梅を消毒する

梅をボウルに入れ、アルコール除菌液を全体が濡れるくらい噴霧し、梅のひと粒ひと粒にアルコール除菌液がいきわたるように、手で大きく混ぜる。

Point

全体がしっとり濡れている状態にすること。大きなボウルがない場合は2回に分けるとよい。

6 容器の底に塩をふる

容器の底に均一にうっすらと塩をふり入れる。

7 梅を入れる

梅を**6**の塩の上に1段並べ、塩ひとつかみを均一にふる。

8 塩と梅を交互に入れる

さらに梅を並べて入れて塩を均一にふり入れる。これを交互に繰り返して重ねていく。最後に残った塩を全部入れる。

Point

塩の分量は上になるにしたがって多めにふる。こうすると漬けている間に全体にまんべんなく塩がまわる。

9 梅の2倍強の重しをする

梅の2倍強の重しをする。ここでは2kgの梅に5.5kgの重しを用いている。

Point

重しはラップで包み、アルコール除菌液で消毒してから用いること。

3〜4日後

10 梅酢があがる

すっかり塩が溶けてすべての梅が浸るくらいに梅酢が出てくる。塩がなじんで梅酢が出てくることを、梅仕事では「梅酢があがる」という。こうなればもうカビたりする心配がない。

Point

万一カビが発生した場合は、すみやかにそっとカビだけを取り除けばよい。

白梅干しにする場合

11 重しを半分にして土用を待つ

重しを半分（2kg強）にする。2kgの重しがなければ、皿と500mℓのペットボトル4本を重ねて重しにするとよい。その場合はペットボトルもアルコール除菌液で消毒して用いる。容器のふたをし、すき間があったらホコリが入らないように紙をかけて、冷暗所に土用まで置く。赤梅干しにする場合は**工程12参照**

▼**土用干しはp.36**

Point

梅に均一に重さをかけたいので、皿は容器の口径より少しだけ小さいものを用いる。ラップで持ち手を作って包むと、出し入れがしやすい。

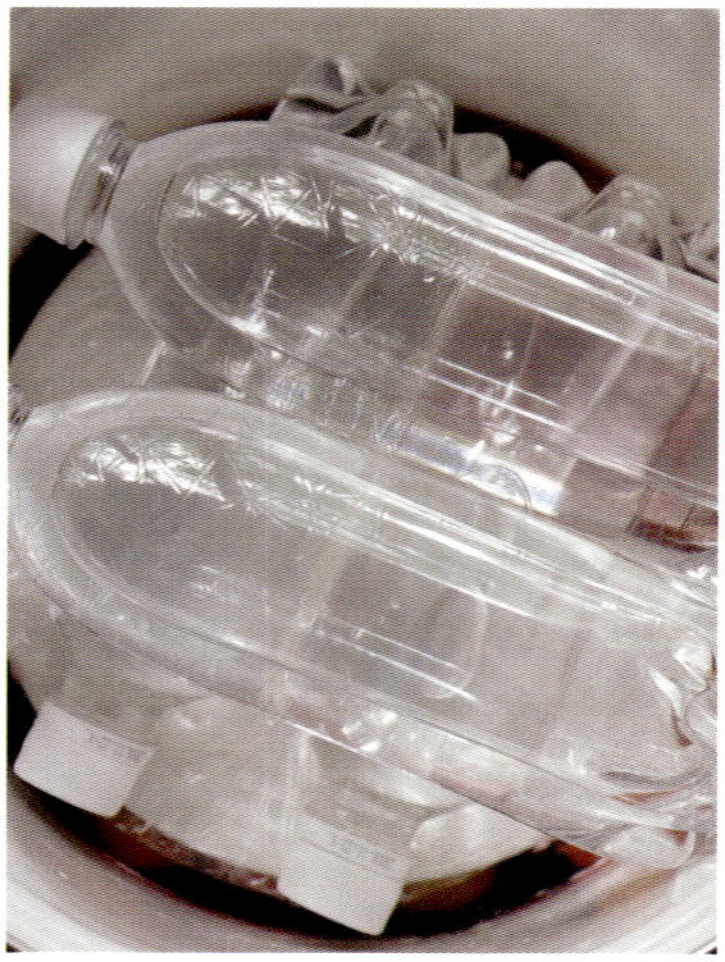

赤梅干しにする場合

赤じそが出回ったら

12 赤じそを加える

赤じそが出回ったら、下ごしらえした赤じそ50gを11に加える

▼赤じその下ごしらえはp.34

Point

赤じそはほぐして、梅の上に均一に散らして入れる。

13 赤じそをなじませ、土用を待つ

梅にはさわらず、ホウロウ容器ごと静かに回して梅酢に赤じそをなじませる。再び重し（2kg強）をして冷暗所に置き、土用まで待つ。

＼保存袋で／

少量（1kg）の梅干し

6月中旬–7月上旬

1kg（3Lで30個前後）くらいの少量を漬けるなら保存袋が便利。保存袋なら漬けている間の梅の様子が見えるので、はじめてでも安心です。また、白梅干しと赤梅干しを両方少量ずつ漬けたい場合も保存袋に1kgずつ分けて仕込んで重ねて置くと簡単です。ポイントは、バットを利用して平らに置いて漬けること、袋の口を上に出して折って梅酢の漏れを防ぐことです。

Data

〈食べごろまでの所要日数〉
土用干しのあと3か月

〈保存方法〉
保存容器に入れて冷暗所に

〈賞味期間〉
保存状態がよければ数十年OK

材料（作りやすい分量）

黄熟した梅（3Lサイズ）… 1kg
粗塩… 170g（梅の重さの17％）
〈赤梅干しにする場合は〉
下ごしらえした赤じそ
… 25g
（「赤じその下ごしらえ」はp.34）

● ごく少量の梅では、梅酢が全体にまわるほどの分量にならないので、最低1kgは漬けること

用意するもの

- ジッパーつき密閉保存袋（Lサイズ）
- 同じ大きさのバット2枚（26×20㎝）
- 重し1kgを2個（砂糖1kg袋を2袋）
- アルコール除菌液
- ストロー

保存袋で作る梅干しができるまで

当日
- 梅の下準備をする
- 塩に漬ける
- 梅の重さの2倍の重しをする

2～3日後
- 梅酢があがったら、重しを半分にする

〈赤梅干しにする場合〉
- 赤じそが出回ったら、赤じそを加える

そのまま「土用（梅雨明け）」を待つ

土用になったら
- 3日間干す
- 保存容器に入れる

3か月後に食べごろ

下準備

当日

1 洗って水けをふく

黄熟した梅は水にさらさないこと。たっぷりの水の中でかるく転がすようにしてやさしく洗う。タオルかキッチンペーパーを敷いたザルに並べ、水けをきってふく。

2 ヘタをとる

竹串でなり口のヘタを持ち上げるようにするとよい。このとき果皮を傷つけないように注意すること。奥に黒いものが残ってもそれは、種の頭なのでそのままでよい。

3 梅を消毒する

2の梅をボウルに入れ、アルコール除菌液を全体が濡れるくらい噴霧する。

Point

水が残ると傷みやカビの原因になるので、清潔で吸水性のよいタオルやふきんで包むようにして、1個ずつていねいにふきとる。

4 塩をまぶして保存袋に入れる

バットの上に保存袋の口を大きく開いて置く。ボウルに分量の塩を入れ、梅ひと粒ひと粒に塩をまぶして保存袋に入れる。

Point

ヘタの穴にもしっかり塩を詰めて、まんべんなく塩をまぶすこと。

5 塩は残さず入れて袋の空気をぬく

塩をまぶした梅を保存袋に入れ、ボウルに残った塩を梅の上からすべて入れる。保存袋の空気をぬきながらジッパーを閉じ、最後にストローを差し入れて袋に残っている空気を吸い出す。

Point

このとき塩を吸い込まないよう、ストローの先は梅に触れないように浅く入れること。

6 梅の2倍の重しをする

梅酢が出てきても漏れないように、袋の口は上に出して折る。均等に重しがかかるように同じ大きさのバットを重ね、梅の重さの2倍(2㎏)の重しをのせる。

Point

上の写真は、梅1kgを2袋仕込んで重ねて漬けた。この場合は、梅をしっかり詰めた1袋それ自体が1kgの重しになるので、バットの上に置く重しは1袋(梅1kg)漬けるときと同様2kgでよい。毎日各袋の表裏を返すとともに、上下の位置を変えることで全体に均一に重しがかかるので問題なく梅酢があがる。重しは梅の重さの2倍というのは、分かりやすい目安であって絶対的数値ではない。

2〜3日後

7 梅酢があがってくる

塩がなじんで梅酢が出てくる。これを梅仕事では「梅酢があがる」という。こうなればもうカビたりする心配がない。保存袋なら、少量の梅でも梅酢が均一にまわるので失敗がない。

8 重しを半分にして土用を待つ

重しを6の半分（1kg）にして、同じように重ねて置き、なじませながら土用まで待つ。その間、ときどき上下を重ねかえ、各袋の表裏を返して（必ず袋の口を上に出して折ること）均一になじませる。

▼土用干しはp.36

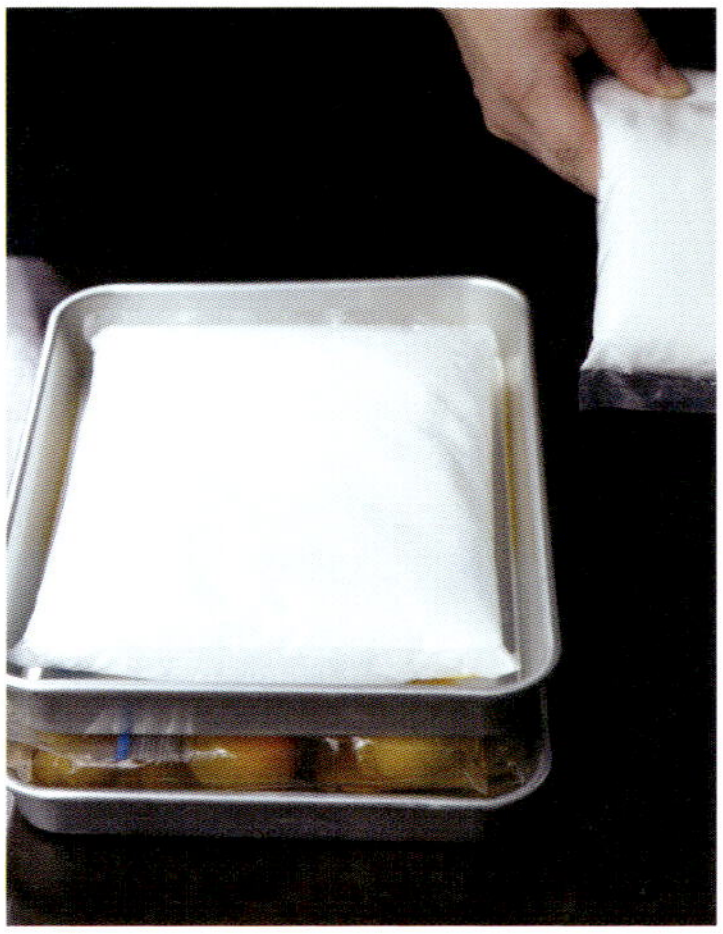

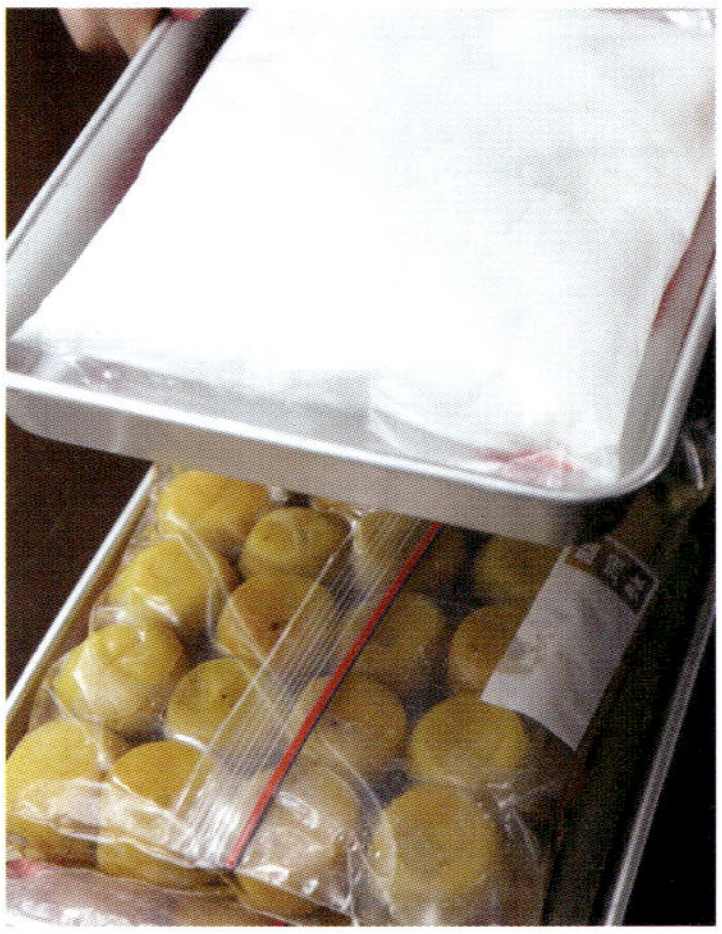

赤梅干しにする場合

赤じそが出回ったら

9 赤じそを加える

下ごしらえした赤じそ25gをほぐしながら加えて、袋ごとかるくもんでなじませる。

▼赤じその下ごしらえはp.34

10 赤じそをなじませる

バットに平らに置き、均一に梅酢に浸るように同じ大きさのバットを重ね、重し（1kg）をして、なじませて、土用を待つ。

赤梅干しに使用する

赤じその下ごしらえ

赤梅干しに用いる赤じそは下ごしらえをしてアクをぬいてから使います。

材料（梅 2kg を漬けやすい分量）

赤じその葉＊… 300g
粗塩（赤じその葉の18%）… 54g
梅酢… 大さじ2

＊赤じそは葉を茎から外して洗い、緑色がかっているものやツヤのないものを除き、300g 用意する。除いたものは赤じそジュース→ p.60 にするとよい。
● 下ごしらえした赤じそは、1 週間〜 10 日、ラップに包んで冷蔵庫で保存 OK。

1 塩もみ1回目

ボウルに赤じそを入れ、塩の半量を加える。

塩をまぶしながらよくもむ。

アクが出るまでもむ。

しっかりもんで、きつくしぼってアク汁を捨てる。

2 塩もみ2回目

赤じそに残りの塩を加える。

赤じそをほぐして塩をまぶす。

しっかりもんでアクを出す。

再びきつくしぼってアクを出し、アク汁を捨てる。

3 梅酢を加える

漬け込み中の梅の容器から梅酢大さじ2をとり分け、アクをぬいた赤じそに加える。

指を立てて赤じそをほぐしながら梅酢をなじませ、鮮やかな赤い汁が出てくるまでかるくほぐす。

赤じそをしっかりしぼり、漬け込み中の梅に加える。梅がまだ十分になじんでいなければ、ラップに包んで冷蔵庫に保存して待つ。

MEMO

梅酢は梅を傷つけないようにそっとすくいとるとよい。

土用干し

「土用干し」の土用は暦の言葉で夏に限らず、各季節の最後、つまり立春、立夏、立秋、立冬の前の期間18日間を指す。夏の土用は7月20日ごろから立秋の前まで。梅雨があけて夏の日差しが続き、梅を干すのに最適なことから土用干しという。土用に限らず夏から秋の天気が続く日であればよい。

1日目

1 干す

梅雨があけて晴天が続きそうな日に、梅も小梅も梅酢から出してザルに並べ、日当たりがよく、風の通る屋外で天日に干す。赤梅干しは赤じそも干す。窓辺など直射日光が当たり、風が通るところなら、室内干しにしてもよい。

Point

干すことの意味

太陽熱で雑菌すること。水分をとばして保存性を高めること。色を濃く鮮やかにすること。旨みを凝縮させ、風味を豊かにすることの4つの意味がある。

＊三日三晩干すというが、現代は夜も外気が冷えないので夜は室内に入れたほうがよい。

2 途中で裏返す

日に当たっている面が乾いてきたら、裏返して濡れている面を表にして干す。短時間で裏返すと中まで日差しの熱が入らないので、1日目は3〜4回返すくらいがよい。2日目は1回くらい返せばOK。

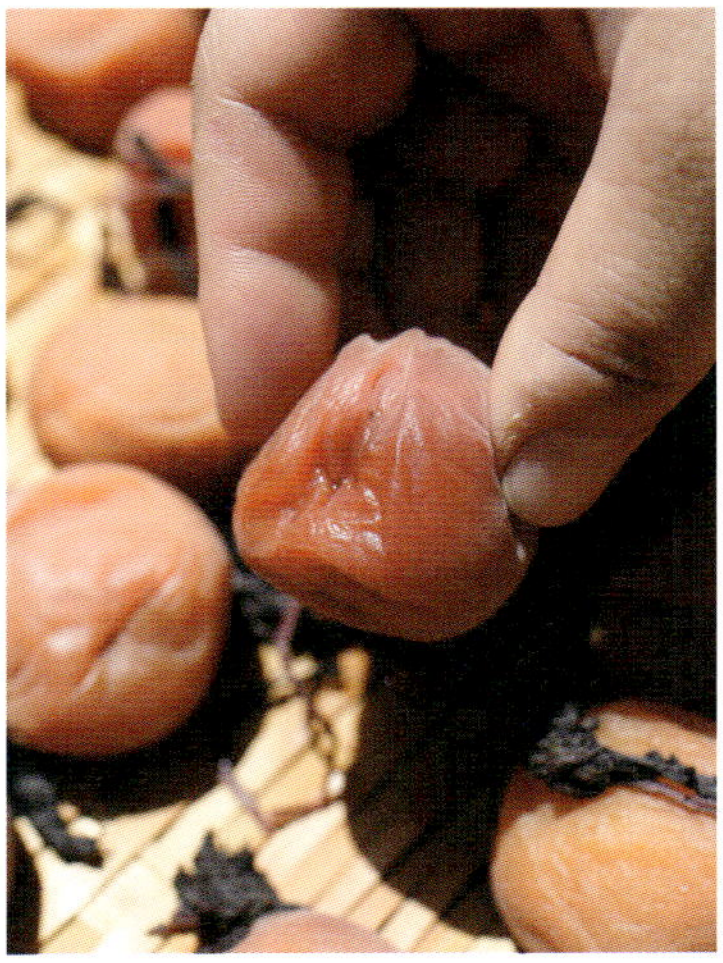

Point

漬けている間に崩れたり、破れたりしたものがあっても、まったく問題ない。そのまま干して梅干しにする。

3日目

3 干しあがり

皮の表面はサラッと乾燥しているが、中はやわらかい状態になればOK。カラカラになるまで干しすぎないこと。

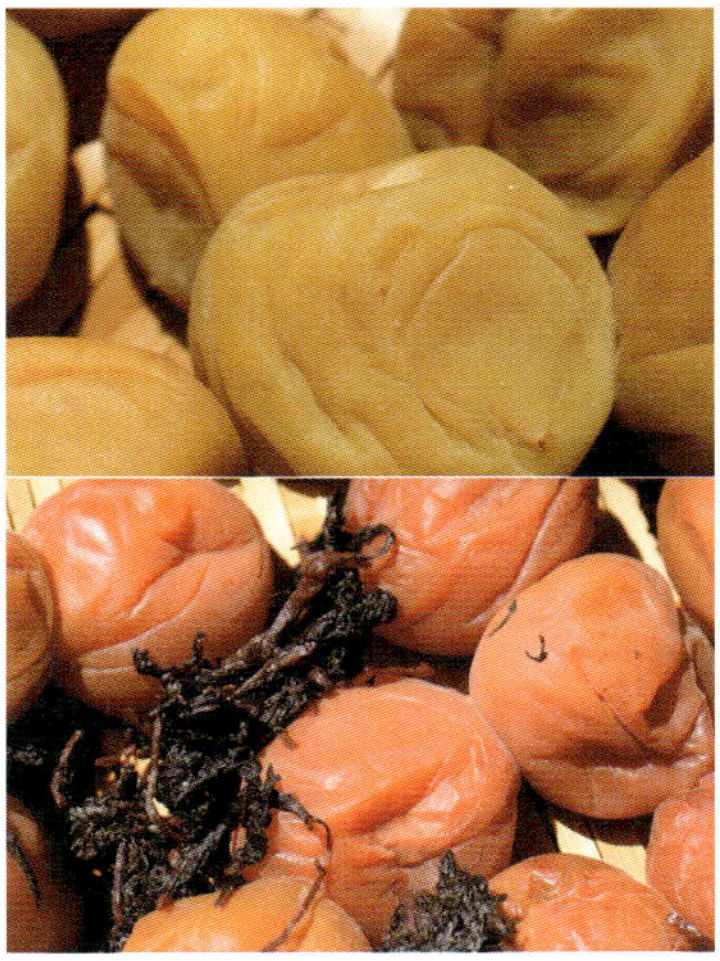

Point

干す場所がない場合や留守がちな場合は、干物干し器で干す方法もある。その場合上段と下段を使い、中段は風通しのために空にしておくこと。

漬けた赤じそを干す

赤じそは、余分にたっぷり仕込むと「赤じそふりかけ」などに使える。梅を干すときに、ザルに葉を広げて干すとよい。おむすびを包むなど、葉の状態で料理に使いたい場合は好きな加減に干す。赤じそふりかけにする場合はカラカラになるまで干す。

▶赤じそふりかけの作り方はp.40

梅干しを保存する

梅干しは、しっとりやわらかい梅干しにするか、キュッとしまったための梅干しにするかで保存の仕方が異なります。また、梅干しの副産物、梅酢の保存の仕方も紹介します。

梅干しをおいしく保存するために

覚えておきたい3つのポイント

point 1 金属製の保存容器はNG

梅干しの保存には、梅の酸と漬け込みに用いる塩に強いホウロウ容器や陶製のかめ、ガラス瓶、樹脂製がおすすめ。酸や塩に弱い金属製の容器は避けましょう。とくに、鉄、銅、アルミの容器は腐食することもあるので厳禁です。ガラス容器に保存する場合は、日光に当てないように暗所に置きます。

point 2 冷蔵庫でなく、冷暗所に保存

常温(15~25℃)を保って温度変化が少なく、直射日光の当たらない場所のことを冷暗所といいます。保存の初めの段階で冷蔵庫に入れてしまうと、温度が低すぎるため熟成が思うように進みません。冷暗所が見当たらない場合は、発泡スチロール箱を用意しましょう。発泡スチロールは断熱効果が高く、箱の中の温度変化が少ないので、ふたを閉めれば冷暗所になります。梅干しが熟成して食べ頃になったら、当座に食べる分を冷蔵庫に移すと出し入れが容易です。

point 3 ねかせるともっとおいしくなる！

梅干しは土用干しが終わったらすぐに食べられますが、3か月以上ねかせたほうが、カドがとれたまろやかな味わいになります。「ねかせる」とは、味がなじんで熟成するまでそのままおいて待つこと。梅干しはこのねかせる時間を経ることで、食べごろを迎えます。途中で味見をすると味の変化がわかります。

「梅干し」を活用した料理は → P.116

やわらかい梅干しにするなら 梅酢にもどして保存

干した梅に梅酢をひたひたに加え、なじませて保存容器に入れ、冷暗所で保存。保存している間に梅酢が少なくなったら、梅酢を加えます。さらにやわらかい、梅酢を含んだ梅干しにしたいなら、干した梅に梅酢をすべて加えて浸して保存する方法もあります。

かための梅干しにするなら 干したまま保存

干した梅の熱がとれてから保存容器に入れ、冷暗所で保存。はじめは表面がさらっと乾いていても、保存している間に中の梅酢がわずかににじみ出て湿りを帯びてきます。

白くなっているのは塩でカビではない

写真は干したままの状態で1年間保存した梅干し。白くなっているのは、にじみ出た梅酢の塩が結晶したもので、この状態のことを「塩を吹く」といいます。保存後数か月でも塩を吹くことがあり、カビではないのでまったく問題ありません。

梅干しを作ったら 梅酢も保存しましょう

梅のエキスと塩がなじんだ濃厚な梅酢は、梅干し作りのときにできるうれしいおまけ。梅干しの保存のときに加えるだけでなく、調味料としても使えます。日に当てて干し、日光消毒して風味をアップさせます。赤梅干しからは赤梅酢(写真左)、白梅干しからは白梅酢(写真右)ができます。

【保存の方法】

梅酢をボウルに移して日に当てる。保存袋で梅を漬けた場合は袋の口を開けてバットの上に置いて日に当てる。瓶に移して、冷暗所で保存

〈干す時間〉 半日～1日

〈保存期間〉 半永久的

梅酢ドリンクで夏バテ予防!

赤梅酢には梅と赤じそのクエン酸やリンゴ酸、アントシアニンなどが豊富に含まれ、疲労回復効果、夏バテ予防効果が知られています。希釈の目安は、赤梅酢1:水8:氷1。

「梅酢」を活用した料理は → P.92

column

赤じそふりかけを作る

赤梅干しを漬けるとき、赤じそを「赤じそふりかけ」用に多めに漬けましょう。梅酢になじんだ赤じそは、梅を干すときに一緒にカラカラに干して砕くと「赤じそふりかけ」になり、ごはんのお供やおむすび、お弁当に重宝します。ここではフードプロセッサーを用いましたが、すり鉢でもＯＫです。

1

漬けた赤じそをザルに入れ、赤じその葉を広げてよく日に当て、カラカラになるまで干す。

2

フードプロセッサーに入れる。多いときは一度に入れずに何度かに分けて砕く。

3

砂のように細かいふりかけ状になるまで砕いて、保存容器に入れ、冷蔵庫で保存する。色の鮮やかさはなくなるが、保存の目安は約１年。

赤じそふりかけと梅干しのおむすびを作る

赤じそふりかけと梅干しができたら、おむすびを作りましょう。さわやかな香りが広がって、市販品とはひと味もふた味もちがう、豊かな滋味を実感できます。

赤じそごはんのおむすびの作り方

温かいごはんに赤じそふりかけを適量入れて混ぜて、俵形ににぎる。

梅干しのおむすびの作り方

梅干しを入れてにぎり、干した赤じそをちぎって飾る。

column

梅干しの塩けをぬく

塩分を控えたい、やわらかい味が好み、などの理由で梅干しの塩分を控える場合の方法を紹介します。最初から塩を減らして漬けるとカビたり傷んだりしやすく、保存性が悪くなるのでおすすめできません。まず普通に漬けて、短期間で食べきれる分だけをとり出して塩けをぬきましょう。なお、本書の梅干しの塩分は17％（小梅は15％）です。

用意するもの

- **梅干し**…22〜24粒
- **塩**…大さじ1
- **40℃のぬるま湯**…1ℓ

ここで加える塩は、塩ぬきを促すいわば「呼び塩」。ぬるま湯だけよりもすみやかに塩がぬける。

1 ぬるま湯に浸す

バットにポリ袋を置いて梅干しを入れ、塩とぬるま湯を加えて袋の口を閉じる。そのままひと晩（8〜10時間）おく。これで15％くらいになる。ぬるま湯と塩を新しくしてもうひと晩おくと、10％くらいになる。ここまでぬくと保存性はぐんと落ちてしまう。

2 水けをきる

ザルにあげて、水けをきる。ひと晩塩ぬきしたものなら、容器に入れて冷蔵庫で2週間ほどなら保存できる。ふた晩塩ぬきしたものはできるだけ早めに食べること。

旨み漬け（→p.43）やはちみつ漬け（→p.44）にすると少し保存性が高くなる

MEMO

市販の減塩梅干し、はちみつ梅干し、旨み漬け梅干しも、塩分20〜18％で漬けた梅干しを塩をぬいてから風味づけしているものが多い。

塩ぬきした
梅干しを
使って

いり酒のような風味が楽しめる

梅干しの旨み漬け

材料

塩ぬきした梅干し
… 12粒ほど

A	水… 100mℓ
	昆布5cm角*… 2枚
	みりん… 大さじ2
	三温糖… 大さじ1
	薄口しょうゆ … 小さじ1

削り節… 3g

作り方

1 容器に保存袋を入れ、ひと晩塩ぬきした梅干しを入れる。

2 Aをひと煮立ちさせて、削り節を加える。

3 粗熱がとれた2を、1に加える。

4 空気を抜きながら保存袋の口を閉じ、冷蔵庫で4～5日なじませる。

*昆布は食べるときに細く切って添えるとよい。

保存の目安 冷蔵庫で1か月くらい

塩ぬきした梅干しを使って

お茶請けにもなる

梅干しのはちみつ漬け

材料

塩ぬきした梅干し… 12粒ほど
はちみつ… 60g
水… 大さじ2

作り方

1 容器に保存袋を入れ、ひと晩塩ぬきした梅干しを入れる。

2 ボウルにはちみつと水を入れてラップをかけずに電子レンジ(600W)で30秒加熱する。

3 粗熱がとれた2を、1に注ぎ入れる。

4 空気をぬきながら保存袋の口を閉じ、冷蔵庫で4～5日なじませる。

保存の目安	冷蔵庫で1か月くらい

part 2

梅シロップ・梅サワー・梅酒

瓶に材料を入れれば、あとは瓶の中の変化を見守りながら仕上がりを待つだけ。と、基本の作り方はだいたい同じ。砂糖に漬ければ梅シロップ、砂糖と酢に漬ければ梅サワー、砂糖と酒に漬ければ梅酒ができあがります。梅ドリンクのさわやかで芳しい香りは、手作りだからこそ味わえるぜいたくさ。基本のレシピに加えて、砂糖や酢、酒の種類を変えたアレンジも紹介しています。

基本の梅シロップ

5月下旬－6月中旬

砂糖漬けにした梅から果汁を浸出させてシロップを作ります。水や炭酸水で割ると暑中にうれしいさわやかなドリンクに、また洋酒で割ると梅酒風にもなり重宝します。砂糖は、基本は氷砂糖を用います。氷砂糖は溶けやすく、精製されているので雑味がなく、発酵しないので、梅の風味そのままのすっきりしたシロップが作れます。砂糖の種類を替えた梅シロップもバリエーションとして紹介します。

Data

〈飲みごろまでの所要日数〉**2か月以上**

〈保存方法〉**漬けた容器のまま冷暗所に**

〈賞味期間〉**半永久的にOK**

材料（作りやすい分量）

青梅… **1kg**

氷砂糖… **700g**
（梅の重さの70%）

用意するもの

- **保存瓶**
（3ℓのもの）
- **アルコール除菌液**

梅シロップの
梅に対する砂糖の量

梅	砂糖
500g	350g
700g	490g
1kg	700g

砂糖は梅の重さの70%。果汁が出やすく、甘みが強すぎず、バランスがよい風味に仕上がる。

梅シロップができるまで

前日
- 梅を水にさらす

当日
- 梅の下準備をする
- 氷砂糖に漬ける

3～4日後
- シロップがたまってくる
- 氷砂糖が溶けたら飲める

2か月後に飲みごろ

下準備

前日

1 水にさらす

青梅はそのまま漬けると渋みが出るので、ひと晩水にさらしてしっかりアクをぬく。

Point

梅の品種は手に入るものでかまわない。

当日

2 水けをふく

ザルにタオルかキッチンペーパーを敷いて、梅を並べて水けをきる。清潔で吸水性のよいタオルやふきんで包むようにして、1個ずつていねいにふきとる。

Point

水が残ると傷みやカビの原因になるので、ていねいにふきとること。

3 ヘタをとる

竹串でなり口のヘタを持ち上げるようにしてヘタをとるとよい。このとき果皮を傷つけないように注意すること。奥に黒いものが残ってもそれは、種の頭なのでそのままでよい。

Point

なり口の凹みに水が入るので、ヘタをとってからは、水洗いしたり水にさらしたりしないこと。

氷砂糖に漬ける

4 梅を消毒する

3の梅をボウルに入れ、アルコール除菌液を全体が濡れるくらい噴霧する。手で大きく混ぜて梅のひと粒ひと粒にいきわたるようにする。

5 保存瓶を消毒する

アルコール除菌液を瓶の中がまんべんなく濡れるくらい噴霧する。

6 氷砂糖と梅を交互に入れる

氷砂糖を保存瓶の底にひと並べして、梅を1段分重ねる。氷砂糖と梅を交互に重ね、最後は氷砂糖で終わるように重ねる。

Point

一番上は氷砂糖を入れる。こうすると氷砂糖が下に流れて梅にからみ、シロップが出やすくなる。

7 ふたをする

ふたの裏もアルコール除菌液を噴霧して消毒をしてからふたをする。2日ほど経つと少しシロップが出てくる。1日に1〜2回、瓶ごとかるく揺すって梅全体にシロップをまわす。

Point

p.52を参照して、最後に1〜2個冷凍梅を加えてもよい。

8 3〜4日後 シロップがたまってくる

3〜4日経つとシロップがたっぷりたまってくる。2日に1回くらい瓶ごとかるく揺すって梅全体にシロップをまわす。

Point

10日〜2週間ほどすると氷砂糖が完全に溶け、果汁が出つくして梅はシワシワになって浮き上がってくる。そうなれば飲めるが、もう少しねかせたほうがまろやかな風味になる。万一カビが発生した場合は、すみやかにそっとカビだけをとり除く。

9 2か月後 飲みごろになる

まろやかな梅シロップになっている。梅の実も食べられる。梅を入れたままなら、冷暗所で保存できる。

Point

小梅のシロップ

小梅の青梅でも同様にしてシロップを作ることができる。小梅と砂糖の割合は、基本と同じく10：7。

梅シロップのバリエーション5種

砂糖を替えるとシロップに風味やコクが加わり、別の味を楽しめます。梅に対する砂糖の割合は基本と同じ70％。仕込み方も同じです。ここでは梅700gに砂糖490gで仕込みました。他の梅仕事で残った少量の梅を仕込んでもいいでしょう。

青梅700g × 三温糖490g

美しいこはく色で、上品なコクのある風味でりんごのような香り。

青梅700g × 上白糖490g

氷砂糖に比べてわずかに甘みが強いがシンプルな風味。

仕込む

● 日に1～2回瓶ごとかるく揺する

▼

3～4日後　シロップが出てくる

● 2日に1回くらい瓶ごとかるく揺する

青梅700g × はちみつ490g

はちみつ風味のシロップになる。

※ただ、はちみつは発酵しやすいので、泡が出てきたらふたを開けて脱気すること。➡ p.53

▼

青梅700g × きび砂糖490g

色が濃く、より深い風味が特徴。

※発酵して泡が出てきた場合はふたを開けて脱気すること。➡ p.53

▼

青梅700g × ざらめ490g

まろやかな深みのある旨みが楽しめる。

▼

梅シロップ作りのココが知りたい！

Q&A

子供にも喜ばれる人気の梅シロップ。作る途中でのよくある不安や疑問を集めました。

Q シロップは冷凍梅を使うとよいと聞きました。

A 冷凍した梅は繊維が壊れているのでエキスが早く出るので、冷凍梅1～2個を一番上に加えると全体に梅のエキスがはやく出てきます。なぜかというと、そのエキスが氷砂糖を溶かしながら下に流れてほかの梅の表面を包むことで、浸透圧が働いて梅からのエキスを誘い出すからです。すべての梅を冷凍すると手早いようですが、生の梅から出る新鮮なエキスを集めてシロップを作りたいので、冷凍梅は1～2個だけ入れて「呼び水」として活用しましょう。

冷凍梅は、氷砂糖と梅を交互に重ねた最後に一番上に加えるのがポイント。

【冷凍青梅の作り方】

下準備した青梅を冷凍用保存袋に入れ、バットに平らに置いて冷凍する。

Q シロップは青梅でなければ作れませんか。

A 黄熟梅でも作ることができ、青梅とはひと味ちがうコクのあるシロップになります。青梅は出回る時期が短いので、買いそびれたときは黄熟梅で作ってみてもいいでしょう。注意することは、黄熟梅はカビが出やすいので水にさらさず洗ってしっかり水けをふくことと、砂糖が梅にからむように日に1～2回、瓶ごとかるく揺すって回すこと。砂糖の割合は、基本と同じく梅の70％。

【黄熟小梅のシロップ】

小梅はりんごのような香りがあり、追熟して黄色や赤みを帯びるとさらにラム酒のような香りになる。その黄熟小梅でシロップを仕込むと香りのいいシロップができる。

Q シロップに泡が立ってきて、ふたを開けるとポンと音がします。

A シロップが発酵してガスがたまってきたためです。とくに、はちみつやきび砂糖などで作った場合にはよくあります。写真のように泡が出てきたら、ふたを開けて中にたまったガスをぬく「脱気」をしましょう。そのままにすると、ふたからシロップが噴き出すこともあるので、シロップを仕込んだら1日に2回くらいは様子をみてケアしましょう。

Q シロップに泡が立ってきて、ふたを開けるとアルコールのような香りがします。

A 発酵がどんどん進んできて「わいてきた」といわれる状態です。そのまま放置すると失敗するので、シロップを加熱して発酵を止めましょう。もし、シロップが濁っていてもそれは発酵のためなので、問題ありません。加熱すると発酵した甘みのある「酵素ドリンク」になります。

「小梅の酵素ドリンク」の作り方

1 鍋にザルを重ねて、シロップと梅を移し入れ、梅はとり除く。シロップの入った鍋を火にかける。同時に、鍋底が入る大きさのボウルに氷水を用意する。

2 煮立てないようにして約70℃まで加熱して火を止める。

3 鍋底を**1**の氷水に当てて急冷する。これで発酵が止まる。

4 保存瓶に移して冷蔵庫で約1年保存可。水や炭酸ソーダで割って飲むとよい。

基本の梅サワー

5月下旬–6月中旬

梅を砂糖と酢に漬けてエキスを抽出させた、梅の芳しい風味と酢の酸味が調和したスッキリした飲みやすいサワードリンクです。おいしいだけではなく、青梅と酢の健康効果も期待できます。水や炭酸水で割るのはもちろん、牛乳で割ってもヨーグルトドリンク風になって美味。砂糖は氷砂糖、酢は青梅と相性のよいりんご酢が基本レシピですが、好みの酢や砂糖でもＯＫです。

Data

〈飲みごろまでの所要日数〉
3～4週間

〈保存方法〉
漬けた容器のまま冷暗所に

〈賞味期間〉
半永久的にOK

材料（作りやすい分量）

青梅…1kg
氷砂糖…1kg
りんご酢…1ℓ

用意するもの

- 保存瓶（3ℓ以上のもの）
- アルコール除菌液

梅サワーの梅に対する砂糖と酢の量

梅	砂糖	酢
500g	500g	500mℓ
700g	700g	700mℓ
1kg	1kg	1ℓ

梅サワーのレシピの基本は、青梅・砂糖・酢が同量。

梅サワーができるまで

前日
- 梅を水にさらす

当日
- 梅の下準備をする
- 氷砂糖とりんご酢に漬ける

3～4週間後
- 氷砂糖が溶けたら飲める

3～4週間後に飲みごろ

下準備

前日 1 水にさらす

青梅はそのまま漬けると渋みが出るので、ひと晩水にさらしてしっかりアクをぬく。

Point

梅の品種は手に入るものでかまわない。酢に漬けるので、少しキズやシミがあってもOK。

当日 2 水けをふく

ザルにタオルかキッチンペーパーを敷いて、梅を並べて水けをきる。清潔で吸水性のよいタオルやふきんで包むようにして、1個ずつていねいにふきとる。

Point

水が残ると傷みやカビの原因になるので、ていねいにふきとること。

3 ヘタをとる

竹串でなり口のヘタを持ち上げるようにするとよい。このとき果皮を傷つけないように注意すること。奥に黒いものが残っても、それは種の頭なのでそのままでよい。

Point

なり口の凹みに水が入るので、ヘタをとってからは、水洗いしたり水にさらしたりしないこと。

酢に漬ける

4 保存瓶を消毒する

アルコール除菌液を瓶の中がまんべんなく濡れるくらい噴霧する。

Point

梅は酢に漬けるので消毒はしなくてOK。

5 氷砂糖と梅を交互に入れる

氷砂糖を保存瓶の底にひと並べして、梅を一段分重ねる。これを繰り返して梅と氷砂糖をすべて入れる。

6 りんご酢を注ぐ

りんご酢を静かに注ぐ。

Point

材料が全て入るとちょうど梅がひたひたに浸かる。

7 ふたをして保存

ときどき(3日に1回くらい)保存瓶ごと揺すって、氷砂糖と酢が均一にまわるようにする。

Point

3〜4週間後、氷砂糖が溶けてなじんできたら、飲むことができる。梅の実も食べられる。

梅サワーのバリエーション2種

野趣豊かでフルーティーな飲み口を楽しめる

梅×やまももサワー

材料

青梅…300g
やまもも…200g
氷砂糖…300g
りんご酢…300g

● 作り方は基本の梅サワーと同様。

ドリンクとしても黒酢調味料としても使える

梅黒酢サワー

材料

青梅…300g
てんさい糖…300g
黒酢225g+米酢75g
=300g
(黒酢3:米酢1)

● 作り方は基本の梅サワーと同様。

2か月後

これくらいねかせると、味がなじんでまろやかになる。

column

梅ドリンクいろいろ

梅シロップで　梅サワーで

梅シロップや梅サワーは、水や炭酸水で割って飲むと涼味満点！　ときには洋酒を加えて梅酒風カクテルを楽しむこともできます。普段あまりお酒を飲まないなら、梅酒ではなく梅シロップや梅サワーを多めに作れば、ノンアルコール飲料、アルコール飲料のどちらも楽しめて便利です。

梅シロップで

基本

梅ジュース

梅シロップ1に対して**水2.5**で割り、氷を加え、好みで梅シロップの梅の実を添える。

牛乳で

梅シロップのミルク割り

梅シロップ1に対して**牛乳7**で割り、よく混ぜる。ヨーグルトドリンク風になる。

ジンで

ジンソーダ

梅シロップ1.5、**ジン1**、**炭酸水3**の割合で合わせ、氷を加え、好みで梅シロップの梅の実を添える。

梅サワーで

基本

梅サワードリンク

梅サワー1に対して**水3**で割り、氷を加え、好みで梅サワーの梅の実を添える。

ジンジャーエールで

梅ジンジャーエール

梅サワー1に対して**ジンジャーエール3〜4**で割り、氷を加える。

ウイスキーで

ハイボール

梅サワー1、**ウイスキー1**、**炭酸水3**の割合で合わせ、氷を加え、好みで梅サワーの梅の実を添える。

赤じそジュースを作る

梅干し用の赤じそを選別したときに除いた少し緑色を帯びた葉も加えて、ジュースを作りましょう。飲むときは水や炭酸水で割ります。保存は冷蔵庫で6か月ほど。

材料（作りやすい分量）

赤じそ…1束（正味約500g）
水…1ℓ
てんさい糖…200g
りんご酢…100㎖
レモン汁…1個分

1

赤じそは葉を茎から外して洗い、水けをきる。鍋に分量の水を入れて火にかけ、沸いてきたら赤じそを入れて、菜箸で湯の中に沈める。赤じその色素がぬけて、葉が緑色になるまで煮る。

2

ボウルにザルを重ねて厚手のキッチンペーパーを敷く。**1** の鍋をザルにあけて漉す。

6

煮立ててジュースにしっかり火をとおして、火を止める。

7

りんご酢を加える。

3

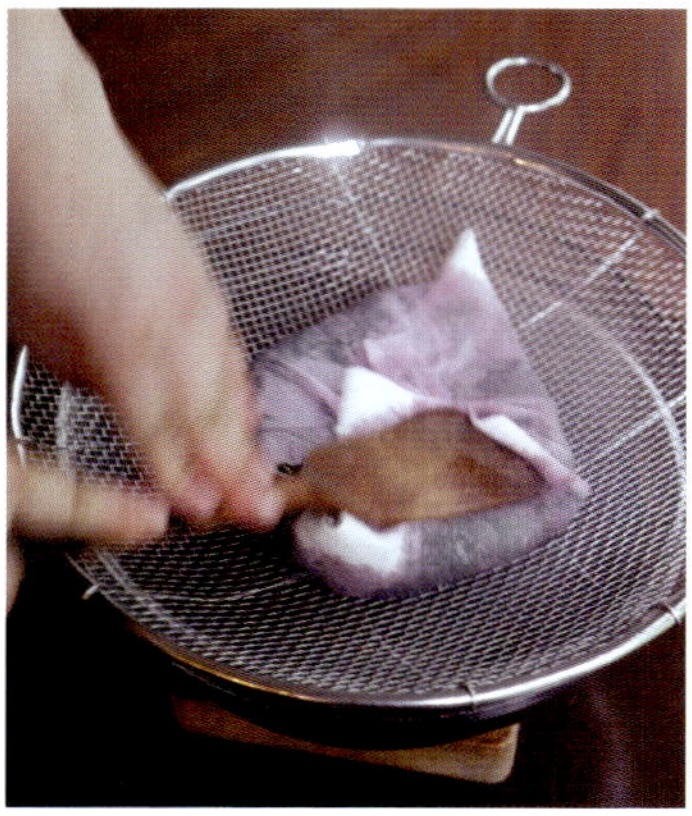

キッチンペーパーで赤じそを包んで、木べらで押してしぼる。

4

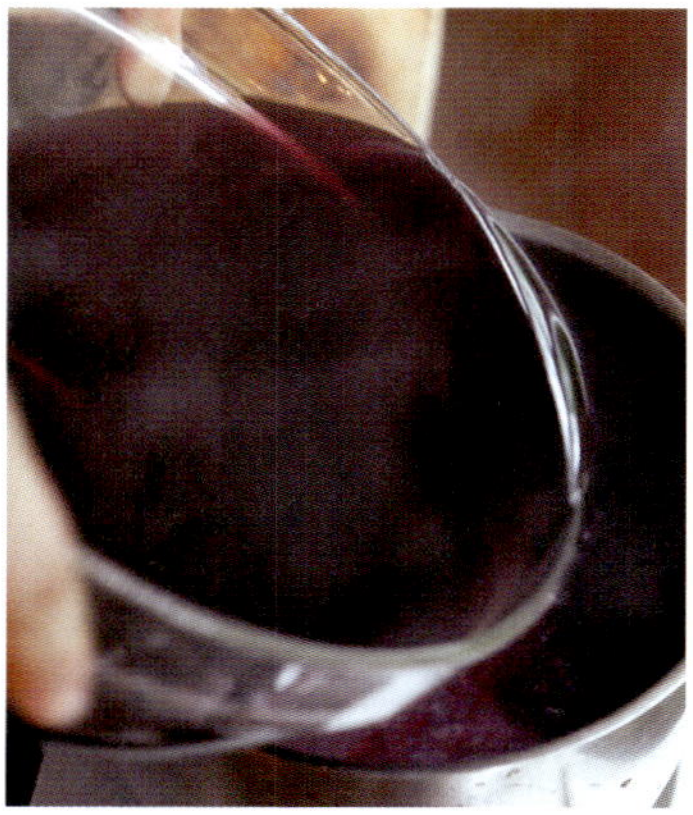

3 のボウルに漉し入れた煮汁を鍋に戻し入れる。

5

てんさい糖を加えて火にかけ、てんさい糖を煮溶かし、アクをとり除く。てんさい糖のコクが赤じそとよく合うが、好みの砂糖でもよい。

8

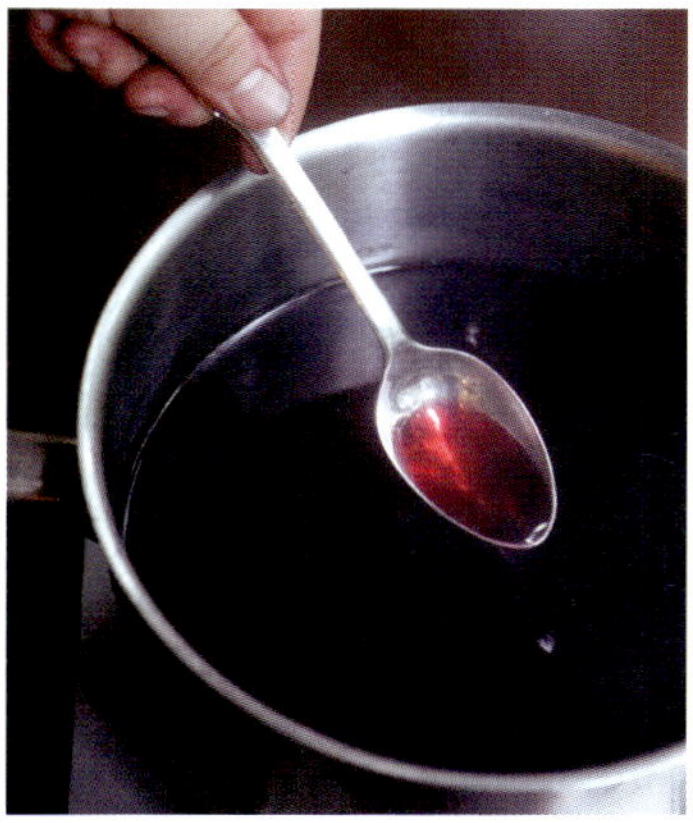

きれいな赤い色に発色する。

9

レモン汁を加え、粗熱がとれたら保存瓶に移し、冷蔵庫で保存する。

好みの濃さに水や炭酸水で割り、あればレモンを添える。

基本の梅酒

5月下旬－6月中旬

梅酒は酒に漬けるだけなので梅仕事初心者にもおすすめ。青梅の健康効果への期待もあって青梅を用いるのが一般的ですが、黄色く色づいたものが混ざっても風味が増します。砂糖と酒は、すっきりした口当たりのよい氷砂糖とホワイトリカーの組み合わせが基本。しかし、それに限らずアルコール度数20％以上の酒なら好みの焼酎や洋酒で漬けても楽しめます。３か月ほどで飲めますが、ねかせるほうがより甘露に。

Data

〈飲みごろまでの所要日数〉
３か月以上

〈保存方法〉
漬けた容器のまま冷暗所に

〈賞味期間〉
保存状態がよければ数年ＯＫ

材料（作りやすい分量）

青梅… 1kg

氷砂糖… 1kg

ホワイトリカー（焼酎）＊… 1.8ℓ

＊アルコール度数 35％のもの

用意するもの

- **保存瓶（4ℓのもの）**
- **アルコール除菌液**

基本の梅酒の砂糖と酒の量

梅	砂糖	ホワイトリカー
250g	250g	450mℓ
500g	500g	900mℓ
1kg	1kg	1.8ℓ

辛口が好みなら砂糖の量を梅の重さの50%まで減らしてもOK。ただし、砂糖は梅のエキスを抽出するのに欠かせないので、まったく入れないのはNG。

梅酒ができるまで

前日
- 梅を水にさらす

当日
- 梅の下準備をする
- 氷砂糖と酒に漬ける

１週間後
- 氷砂糖がほぼ溶けてくる

２か月後
- 飲み始めてもよい

１か月後に飲みごろ

下準備

前日

1 水にさらす

青梅はそのまま漬けると渋みが出るので、ひと晩水にさらしてアクをぬく。

梅酒作りで注意したいこと

ワインや日本酒のようなアルコール度数20％未満の酒を梅酒作りに使うことは、酒税法で禁じられています。アルコール度数が低い酒に梅を加えると醸造が進む可能性があり、「酒を醸造した」ことになるからです。梅酒は、ホワイトリカーなどの焼酎、ジン、ラム酒、ブランデー、ウイスキーなどに漬けて、梅と酒の融合した味わいを楽しむものとして許可されています。酒を選ぶときには注意しましょう。

当日

2 水けをふく

ザルにタオルかキッチンペーパーを敷いて、梅を並べて水けをきる。清潔で吸水性のよいタオルやふきんで包むようにして、1個ずつていねいにふきとる。

Point

焼酎に漬けるので、少しキズやシミがあってもOK。水が残ると傷みやカビの原因になるので、ていねいにふきとること。

3 ヘタをとる

竹串でなり口のヘタを持ち上げるようにするとよい。このとき果皮をキズつけないように注意すること。奥に黒いものが残っても、それは種の頭なのでそのままでよい。

Point

なり口の凹みに水が入るので、ヘタをとってからは、水洗いしたり水にさらしたりしないこと。

酒に漬ける

4 保存瓶を消毒する

アルコール除菌液を瓶の中がまんべんなく濡れるくらい噴霧する。

Point

梅はホワイトリカー(酒)に漬けるので消毒はしなくてOK。

5 氷砂糖を入れて梅を入れる

氷砂糖を保存瓶の底にひと並べして、梅を一段分重ねる。

6 氷砂糖と梅を交互に入れる

5と同様に交互に重ねて梅と氷砂糖をすべて入れる。

7 ホワイトリカーを注ぐ

ホワイトリカーを静かに注ぐ。

Point

ホワイトリカーは梅がかぶるくらいまで入れること。

8 ふたをして保存

ときどき(2日に1回くらい)保存瓶ごと揺すって、氷砂糖とホワイトリカーが均一にまわるようにする。

1週間後

9 氷砂糖が溶けてくる

氷砂糖がほぼ溶け、梅が浮かび上がってきている。こうなれば、あとはは冷暗所に保管して仕上がりを待つ。仕上がったら梅の実も食べられる。

Point

2か月後

梅は底に沈んで、梅酒の熟成がすすんでいる。この状態になれば飲めるが、あと1か月ほどねかせるとまろやかになる。1年以上ねかせると美味。

「梅酒」を活用した料理は→p.132

梅酒のバリエーション3種

梅酒はアルコール度数が20度以上であれば焼酎に限らず好みの酒で漬けることができます。砂糖と酒の組み合わせで多彩な風味が生まれ、さらにスパイスを加えて新しい味わいを楽しむこともできます。ここではウイスキー、ラム酒、ブランデーの梅酒を紹介。作り方は基本の梅酒と同様。

黄熟梅×ラム酒

黄色く熟した梅の香りとラム酒は相性抜群。ロックでもソーダ割りでも。

材料 黄熟梅…600g/黒糖…300g/ラム酒(ブラック)…700mℓ

●黄熟梅は水にさらすことは不要

青梅×ブランデー

ロックがおすすめ。アイスクリームにかけても。

材料 青梅…600g/和三盆…300g/ブランデー…660mℓ

仕込む

▼

1週間後
砂糖がほぼ溶け、梅が浮かび上がってくる

小梅でアレンジ

さくらんぼの小梅酒

旬が同じ時期の小梅とさくらんぼをホワイトリカーに漬けると、かるく華やいだ風味の酒になる。

材料 さくらんぼ、小梅… 各200g/ 氷砂糖… 200g/ ホワイトリカー… 500mℓ

● 作り方は基本の梅酒（→P.62）と同様

青梅 × ウイスキー

スパイシーな香りが魅力。紅茶に落としても。

材料 青梅… 600g/ 氷砂糖… 300g/ シナモン… 1本 / しょうが… 1かけ / 赤唐辛子… 1本 / ウイスキー… 700mℓ

column

“梅はその日の難逃れ”

毎日、梅をたべましょう

古くから豊かな香味とともにその健康効果が知られている梅。毎年、梅仕事をしてきた先人の知恵にならって、梅パワーで健やかに暮らしましょう。

血液サラサラ

青梅の果汁を加熱すると梅の糖とクエン酸が結合してムメフラールという成分が作られます。このムメフラールが血流を改善して、脳血栓や動脈硬化など生活習慣病の予防に効果があると分かってきました。

疲労回復

「疲れた」と感じるのは乳酸という疲労物質が蓄積されるためです。梅に含まれるクエン酸、リンゴ酸などの有機酸は、体内に蓄積された乳酸を水と炭酸ガスに分解して体外に排出して、疲労回復を促します。

二日酔いの解消

梅干しはすっぱいですがアルカリ性食品です。アルコールで酸性に傾いている体を中和して体調をととのえます。また、クエン酸が血液中の老廃物を分解して体外に排出し、肝機能の回復を促します。

熱中症の予防

熱中症は水だけを飲んでも回復しません。汗で流失した塩やミネラルも補給が必要です。梅はクエン酸、リンゴ酸などの有機酸やミネラルが豊富。さらに梅干しには塩分もあるので、熱中症対策の強い味方です。

食欲増進

梅の酸味のクエン酸は消化器官を活性化し、唾液の分泌を促して食欲を増進します。また、胃液やそのほかの消化酵素の分泌も高めて消化吸収をスムーズにします。

食中毒の防止

梅には食中毒の原因になる菌の増殖を抑える殺菌解毒作用があります。お弁当に梅干し、おむすびに梅干しというのは理にかなっているのです。

part
3

梅で作る調味料・ジャム・珍味

梅の渋みのある酸味はそのままでは強すぎますが、砂糖、塩、しょうゆ、みそなど基本的な調味料と相性がよく、合わせるとまろやかでふくらみのあるおいしさを生み出します。まず作ってみたいのは、しょうゆに漬けるだけの「梅しょうゆ」と「しょうゆ梅」。作り方は本当に簡単ですが、梅の深い旨みと酸みを実感できるでしょう。人気の「梅エキス」、プロの味「梅びしお」も見逃せません。

青梅3個でも作れる

梅しょうゆと しょうゆ梅

5月下旬－6月中旬

青梅をしょうゆに漬けるだけで、香りのよい「梅しょうゆ」になり、漬けた梅は「しょうゆ梅」として楽しめて一石二鳥。梅シロップや梅酒を作ったときに、梅が数個残ったら、ぜひ試してみてください。冷凍梅を用いてもＯＫです。

材料

青梅…適量

しょうゆ*…適量

*濃い口でも薄口でも OK

Data

〈食べごろ〉**1週間後～**

〈保存方法〉**1週間くらいは常温、その後は冷蔵庫に**

〈賞味期間〉**半永久的にＯＫ**

前日

1 青梅を水にさらす

青梅はひと晩水にさらしてアクをぬく。

当日

2 しょうゆを注ぐ

1の梅の水けをふいてヘタをとり、保存瓶に入れ、しょうゆを梅の頭が出るか出ないかくらいのひたひたまで注ぐ。瓶ごと揺すってしょうゆを全体にまわし、均一になじませ、1週間ほどねかせる。

Point

大量に漬けるよりも少量漬けて、使って減ったら足しじょうゆをしていくほうが、しょうゆの風味を保てる。

3週間後

3 できあがり

しょうゆと梅がなじんで、1週間ほどで「梅しょうゆ」は食べごろになる。3週間ほど経つと梅の実もなじんで「しょうゆ梅」ができあがる。

「梅しょうゆ」を活用した料理は→p.102
「しょうゆ梅」を活用した料理は→p.106

ひと手間かけて煮つめる

青梅の梅みそ

5月下旬–6月中旬

青梅にみそと三温糖を加えてゆっくり煮てから、種をとり除いて漉した、果肉もエキスも渾然一体となったまろやかな梅みそです。手間はかかりますが、味わいのよさだけではなく、青梅の健康効果が期待できそうなのも魅力のひとつです。

材料

青梅…**500g**
みそ＊…**500g**
三温糖…**300g**
＊好みのみそでOK

Data

〈食べごろ〉**作ってすぐに食べられる**
〈保存方法〉**冷蔵庫に**
〈賞味期間〉**半永久的にOK**

1 みそと砂糖に青梅を加える

青梅はひと晩水にさらしてアクをぬき、水けをふいてヘタをとり除く。みそと三温糖は、ボウルに入れてなめらかになるまで混ぜ、鍋に移して梅を合わせる。

Point

みそも砂糖も好みのものでよい。大事なことは、はじめにしっかり混ぜ合わせておくこと。

2 ゆっくり火をとおす

1の鍋を弱火にかけ、焦がさないように鍋底から混ぜながらゆっくり煮る。鍋底から混ぜて煮続けると果肉にも火がとおって、急に全体がゆるくなってくる。

3 種と果肉が別れるまで煮る

梅が煮えて砂糖も溶けて全体にゆるくなり、果肉から種が自然にはがれるくらいまで煮たら、ザルに移して漉す。

Point

煮つめすぎると、冷めたときにかたくなるので、写真くらいのとろっとしたゆるさで漉す。

4 漉して保存する

ザルの中が種だけになるまで、ていねいに漉し、容器に入れて保存する。

Point

作ったらすぐこのまま使える。保存は冷蔵庫。

「青梅の梅みそ」を活用した料理は→p.108

みそに漬けるだけ

黄熟梅の梅みそ

6月中旬－7月上旬

梅の風味、みその旨み、三温糖のコクのある甘味が三位一体となった自家製調味料です。黄熟梅をみそに漬けて3か月ほど待つだけなので、忙しい人や初心者にもおすすめ。梅を冷凍してから漬けると仕上がりが少し早くなります。

Data

〈食べごろ〉3か月後～

〈保存方法〉冷蔵庫に

〈賞味期間〉半永久的にOK

材料

黄熟梅…500g

みそ*…500g

三温糖…300g

*好みのみそでOK

1 みそと三温糖を合わせる

大きめのボウルにみそと三温糖を入れてなめらかになるまでしっかり混ぜ合わせる。

Point

ここで砂糖とみそが一体になるまで混ぜておくと、均一に風味のよい梅みそができる。

2 漬ける容器に1を入れる

清潔な容器に**1**のみその半量を平らに詰める。

3 みそと梅を重ねる

2のみその上に下準備した梅を埋めるように並べて入れ、残りのみそを重ねて入れて覆う。ふたをして冷蔵庫で3か月ほどなじませる。冷凍梅で仕込んだ場合は、少し仕上がりが早い。

3か月後

4 食べごろになる

3か月ほど経って、みそに梅のエキスが出てとろっとなったら食べられる。写真は半年以上たって、梅はシワシワになり、みそはまろやかに熟成したもの。

Point

梅は洗って水けをふいて、ヘタをとっておく。

黄熟梅の梅みそを使って

- **みそ汁**：みそ汁のみそに「黄熟梅の梅みそ」を少量加えるとさわやかな風味になる。
- **野菜の即席みそ漬け**：「黄熟梅の梅みそ」をラップに塗り、セロリ、きゅうり、にんじんなど野菜を包んでひと晩おく。
- **肉、魚の即席みそ漬け**：「黄熟梅の梅みそ」をラップに塗り、肉、魚の切り身を包んで2〜3時間おいて焼く。

▶**「豚ロースのみそ漬け焼き」はP.115参照**

きりっとした風味の
青梅ジャム

5月下旬－6月中旬

梅のジャムは青梅と黄熟梅では色も香りも異なり、どちらも甲乙つけがたい魅力があります。青梅は未熟でかたくてアクも強いので、下ごしらえとして2回ゆでこぼしましょう。これで渋みのないキリッとした若い風味が楽しめます

材料

青梅… 1kg
グラニュー糖… 700g

Data

〈食べごろ〉作ってすぐに食べられる
〈保存方法〉冷暗所に保存。開封した後は冷蔵庫に
〈賞味期間〉約1年

1 下ごしらえする

青梅はひと晩水にさらしてアクをぬき、水けをふいてヘタをとり除く。沸騰した湯に梅を入れて煮立ってきたら湯を捨てる。再度、同様にしてゆでる(ゆでこぼす)。

Point

写真右が1回ゆでこぼした青梅。写真左が2回ゆでこぼした青梅。ゆでこぼすのは、アクをとるためとやわらかくするためなので、2回ゆでこぼしても、かたい場合は、さらにもう1回ゆでこぼすこと。

2 ザルで漉す

1の梅をザルに移し、鍋に漉し入れる。ザルに残った種はボウルに入れて水適量を加え、水の中で果肉をこそげ落とし、種はとり除く。果肉をザルに戻して鍋に漉し入れる。

Point

種は写真(右)くらいになるまで果肉をこそげ落とす。果肉は加えた水ごとザルで漉して鍋に加える。

3 砂糖を加えて煮る

2の鍋を中火にかけて煮立ってきたらグラニュー糖を加え、ひと煮立ちさせてアクをすくう。

Point

煮立ちの泡とアクを見分けてすくいとること。

4 火加減しながら煮つめる

ヘラに指で一文字が書けるくらいのゆるさで火を止める。煮つめすぎると冷めたときに仕上がりがかたくなるので注意。

Point

熱いうちに保存瓶に流し入れ、ふたをする。

「梅ジャム」を活用した料理は→p.136

お日様色がおいしそう

黄熟梅ジャム

6月中旬–7月上旬

黄熟梅は熟した果実のふくよかな風味のジャムになります。ゆでこぼしが1回ですむので手軽に作れるし、シミやキズがあって梅干しにするのは悩む梅も、煮崩すジャムならまったく問題ありません。小瓶に詰めると気の利いた手土産にもなります。

材料

黄熟梅…1kg
グラニュー糖…600g

Data

〈食べごろ〉作ってすぐに食べられる
〈保存方法〉冷暗所に保存。開封した後は冷蔵庫に
〈賞味期間〉約1年

1 下ごしらえする

黄熟梅は水洗いして水けをふき、ヘタをとり除く。沸騰した湯に入れて煮立ってきたら湯を捨てる(ゆでこぼす)。

Point

黄熟梅はやわらく熟しているので、1回ゆでこぼせばよい。

2 ザルで漉す

1の梅をザルに移し、鍋に漉し入れる。皮が果肉からはがれて残ったら、それはとり除く。残った種はボウルに入れて水適量を加え、水の中で果肉をこそげ落とし、ザルに戻して鍋に漉し入れる。

Point

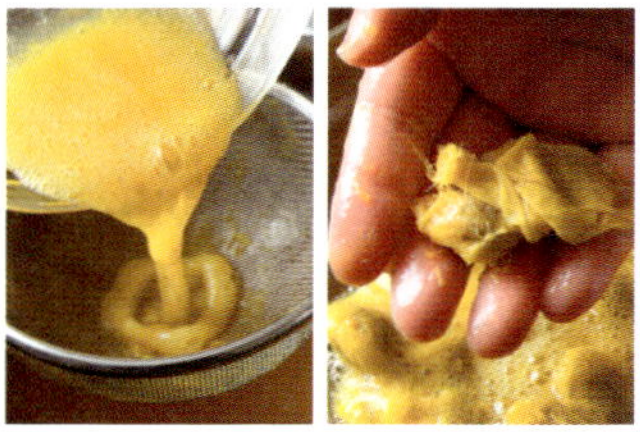

種は写真(右)くらいになるまで果肉をこそげ落とす。果肉は、加えた水ごとザルで漉して鍋に加える。

3 砂糖を加えて煮る

2の鍋を中火にかけて煮立ってきたらグラニュー糖を加え、ひと煮立ちさせてアクをすくう。

Point

煮立ちの泡とアクを見分けてすくいとること。

4 火加減しながら煮つめる

ヘラに指で一文字が書けるくらいのゆるさで火を止める。煮つめすぎると冷めたときに仕上がりがかたくなるので注意。

Point

熱いうちに保存瓶に流し入れ、ふたをする。

「梅ジャム」を活用した料理は→p.136

金属を用いずに作る

梅エキス

5月下旬–6月中旬

青梅の果汁をじっくり煮つめた青梅のパワーが凝縮した梅エキス。昔から家庭の常備薬のように疲労回復、食あたりなどのときに用いられてきました。煮つめるのに1時間くらいかかりますが、作ってみると珍重されるのも納得の濃密なエキスになります。

Data

〈食べごろ〉**作ってすぐに食べられる**

〈保存方法〉**常温に**

〈賞味期間〉**半永久的にOK**

材料（できあがり量約90g）

青梅（3Lサイズ）… 1kg

道具

セラミックのおろし器、ガラスボウル、竹ザル、ホウロウ鍋、ゴムベラ、さらしのふきん

1 果肉をすりおろす

青梅はひと晩水にさらしてアクをぬき、水けをふいてヘタをとり除く。セラミックのおろし器ですりおろしてボウルに入れていく。アクがあるので、手袋をして作業をしたほうがよい。

Point

かたくて大きめのサイズの梅を大きめの安定したおろし器でおろすとよい。気長に焦らずにおろす。種は捨てずにとりおく。

2 果汁をしぼる

別のボウルにさらしのふきんを広げて**1**を入れ、きつくしぼって果汁を出す。さらしのふきんを広げて包み直して再度しぼる。種は集めてさらしのふきんに包み、種のまわりの果汁もしぼって加える。

Point

一度しぼったらボウルに竹ザルを重ね、さらしのふきんを広げてゴムベラでしぼりカスを整えて包み直し、再度果汁をきつくしぼる。

3 果汁を煮つめる

ホウロウ鍋（またはセラミック鍋、土鍋など）に果汁を入れて火にかけ、煮立ったらアクをとり除いて、弱火にして気長に煮つめる。

Point

これくらいに煮つめたら、焦がさないように火加減する。

4 火加減しながら仕上げる

鍋底が見えてきたら火を止める。そのままでは余熱が入るのでコンロから外すこと。熱いうちに保存瓶に流し入れ、ふたをして保存。

Point

耳かきほどの小さなスプーンに1杯、そのままなめてもよいし、お茶に加えてもよい。

金属の調理器具で作る 梅エキス

5月下旬－6月中旬

手元にある使い慣れた調理道具でも梅エキスを作ることができます。梅は金属を嫌うといいますが、短時間の調理に使用する分には問題ありません。ナイフで果肉と種を分け、果肉をブレンダーにかけて粉砕して漉します。すりおろすよりも果肉を含んだ果汁になります。45分～1時間煮つめると、色は薄めですが凝縮感のあるエキスができます。

道具

ステンレルナイフ、ステンレスボウル、ブレンダー、ステンレスの濃し網、ステンレス鍋、木ベラ、ゴムベラ、さらしのふきん

●鉄、アルミ、銅の製品は厳禁。

材料（できあがり量約120g）

青梅（3Lサイズ）… 1kg

Data

〈食べごろ〉**作ってすぐに食べられる**

〈保存方法〉**常温に**

〈賞味期間〉**半永久的にOK**

1 果肉を切る

青梅はひと晩水にさらしてアクをぬき、水けをふいてヘタをとり除く。ナイフで種から果肉を切りとる。

Point

青梅はできるだけ大きめのサイズを用意すると作業がしやすい。

2 ブレンダーで粉砕する

1の果肉だけをボウルに入れ、ブレンダーで粉砕する。

Point

梅の果肉が均一なピュレ状になるまで粉砕する。

3 漉す

漉し網に入れてヘラでていねいに漉し、果汁をとる。

Point

漉し網に残ったカスは集めてさらしのふきんに包んで果汁をしぼって加える。

4 煮つめて仕上げる

ステンレス鍋に果汁を入れて火にかけ、煮立ったらアクをとり除く。弱火にして気長に粘度のあるとろみがついてくるまで煮つめる。

Point

熱いうちに保存瓶に入れ、ふたをして保存。耳かきほどの小さなスプーンに1杯、そのままなめてもよいし、お茶に加えてもよい。

涼味を楽しむ

青梅のみつ煮

5月下旬－6月中旬

目にも味わいも風雅なみつ煮です。皮が破れないように煮るコツは、梅は大粒でかたい青梅を用いること。そして梅の表面に細かい穴をあけて冷凍してから氷砂糖と合わせてシロップ漬け状態にして煮ること。ていねいに煮たみつ煮は持ち寄りや手土産にしても喜ばれます。

材料

青梅…1kg
氷砂糖…1kg

Data

〈食べごろ〉4～6日後
〈保存方法〉冷蔵庫に
〈賞味期間〉6か月

1 梅を冷凍する

青梅はひと晩水にさらしてアクをぬき、水けをふいてヘタをとり除く。細い竹ぐしを刺して梅の表面全体に穴をあける。ジッパー付き密閉保存袋に入れてバットの上に平らに置き、ひと晩冷凍する。

Point

ひと晩（8～10時間）以上かけてしっかり冷凍すること。

2 梅と氷砂糖を合わせ、2〜3日おく

鍋に**1**の冷凍した青梅と氷砂糖を入れてラップをかけて常温に置き、梅が解凍されて氷砂糖が溶けるまで2〜3日待つ。

Point

氷砂糖が溶けて梅のシロップ漬け状態にしてから煮るのがコツ。

3 煮含める

梅がシロップ漬け状態になったら、鍋をごく弱火にかけてひと煮立ちさせて火を止め、そのまま余熱で火をとおし、粗熱がとれるまでおく。冷めていく間に甘みが中まで入る。

Point

ごく弱火にかけて、わっと煮立ったら火を止める。ここで煮過ぎないこと。

4 味をなじませる

保存容器に移す。このとき梅を傷つけないようにていねいに扱うこと。すっかり冷めたら落としラップをして保存容器のふたをして冷蔵庫に保存する。2〜3日おいて味をなじませる。

Point

ラップでシロップの表面を覆う落としラップは、ゴムベラを使うとよい。

梅干しで作る万能調味料

梅びしお

10月下旬～

梅干しの梅肉で作る深い旨みを醸し出す調味料です。漢字では「梅醤」。梅肉を細かくたたいて、三温糖、みりん、薄口しょうゆを加えて煮つめるだけですが、少量入れるだけで料理の味が決まるので驚くほど重宝します。

材料

梅干し…10個（約175g）
三温糖…30g
みりん…50㎖
薄口しょうゆ…大さじ1

Data

〈食べごろ〉作ってすぐに食べられる
〈保存方法〉冷めたら冷蔵庫に
〈賞味期間〉1年くらい

1 梅肉をたたく

梅干しは果肉と種を分け、果肉は細かくたたく。

Point

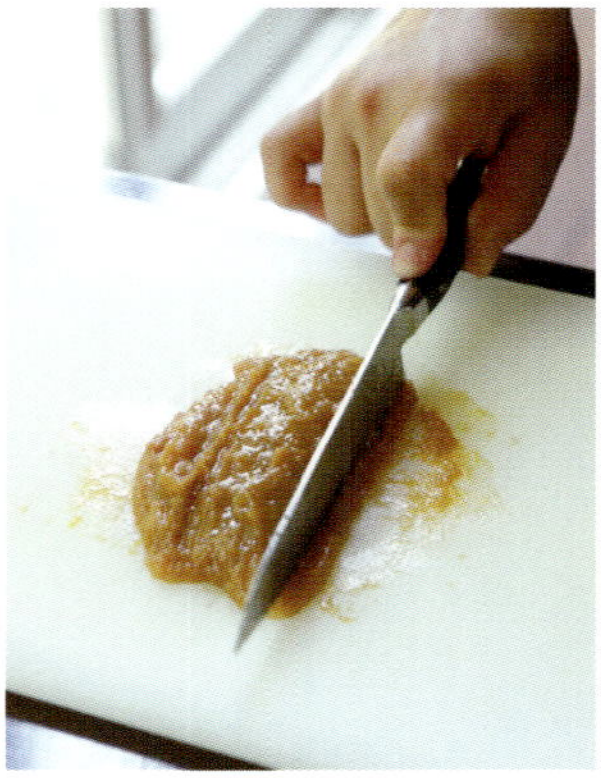

ピュレ状になるまで細かくたたく。

2 調味料を加える

鍋に1の種と果肉を入れ、三温糖、みりんを加えて混ぜ、薄口しょうゆを加えて火にかける。

Point

しょうゆは三温糖とみりんをなじませてから加える。

3 煮つめる

焦がさないように鍋底から混ぜながら好みのかたさになるまで中火で煮つめる。冷めるとかたくなるので、目指すかたさの一歩手前で火を止め、混ぜて粗熱をとる。

Point

煮つめるときはねるので、軍手をはめて作業をするとよい。

4 熱いうちに保存瓶に入れる

熱いうちに保存瓶に流し入れ、ふたをして保存。

Point

ほうじ茶に加えるとおいしい。

「梅びしお」を活用した料理は→p.128

食欲を促す
梅塩

8月上旬～

梅酢は梅干し作りのうれしい副産物です。ことに色鮮やかな赤梅酢は、煮つめて乾燥させると、しそと梅の芳しい香りの塩になります。乾燥の仕上げはオーブンを活用するのがポイントです。徐々に色はとぶが味は変わらず保存がきき、揚げ物にふったり添えたり大活躍してくれます。

Data

〈食べごろ〉**作ってすぐに食べられる**

〈保存方法〉**常温に**

〈賞味期間〉**半永久的にOK**

材料

赤梅酢…300mℓ

1 ホウロウの鍋を使用する

赤梅酢をホウロウの浅鍋（または土鍋）に入れて中火にかける。

Point

梅の酸に強いホウロウ鍋か土鍋を用いること。鉄や銅、アルミの鍋は不向き。

2 煮つめる

煮立ってきたら、混ぜながら鍋底が見えるようになるまで煮つめる。

Point

焦がさないように火加減しながら、水けをとばすように煮つめる。

3 塩になってくる

梅酢が鍋底にはりついてくるので、焦がさないようにヘラではがしながら混ぜ、水けをとばす。

4 オーブンで乾かす

紙に3を広げ、生乾きになるまで乾燥したところに置いて水けをとばす。オーブンシートを敷いた天板に広げて入れ、90℃のオーブンでサラサラになるまで様子を見ながら乾かして仕上げる。冷めたら保存瓶に入れて保存。

「梅塩」を活用した料理は→p.100

column

普段着感覚で 落ち梅でジャムを作る

落ち梅は木から自然に落ちた梅のことで、風雨などで熟す前に落ちたものと、木で熟して落ちたものがあります。道の駅などで安く売っていることも多く、買ってはみたものの梅干しにするにはきれいな梅が少なく困ってしまうことも少なくありません。そんなときにおすすめなのが梅ジャムです。洗って水けをふき、ヘタをとって傷んでいる部分をナイフで切り落とせば、あとはゆでこぼして砂糖と一緒に鍋で煮込むだけ。できたジャムは、きれいな青梅や黄熟梅で作ったものよりは濃いめですが風味は悪くありません。

一年に一度、シーズン限定の貴重な梅仕事はつい張りきってしまいますが、もともとは昔の人が普通の暮らしの中で続けてきた普段着の手仕事です。はじめは肩に力が入りますが、何年か続けて経験を積み重ねると梅を見る目と感性が磨かれ、梅のあんばいが分かってきます。そうすれば、キズのある落ち梅も、産地から取り寄せたピカピカの銘柄梅もそれぞれに生かせるようになってきます。

期間が短いからこその自分なりの梅の楽しみ方をぜひ見つけてください。

part 4

梅仕事を使った料理レシピ

3章で梅の調味料を作ったら、実際に料理で使ってみましょう。手作りの梅加工品は味わいが深く、ほかにあれこれ調味料を加えなくてもパッと味が決まり、料理の腕が上がること請け合いです。梅の調味料のほか、梅干し、梅酢、梅シロップ、梅酒の活用レシピもあります。おいしくてカラダにいいことがたくさんある、梅のある食卓をぜひ楽しんでください。

即席柴漬け

サラダ代わりになる即席漬け。梅酢であえて一度しぼるのがコツです。

材料（作りやすい分量）

きゅうり…２本
なす…２本
塩…適量
みょうが（小口切り）…３個分
しょうが（せん切り）
…大さじ1
梅酢（→p.39）
…適量（¼カップ＋⅓カップ）

作り方

1 きゅうりは乱切りにし、塩小さじ½をまぶして塩もみする。なすは皮を縞にむき*、きゅうりと同じくらいの大きさの乱切りにし、塩小さじ½をまぶして塩もみする。水けが出てきたらそれぞれしぼる。

2 下漬けする。**1**とみょうが、しょうがのせん切りをボウルに入れ、梅酢¼カップであえてしぼる。

3 本漬けする。**2**に梅酢⅓カップを加えて漬ける。翌日くらいから食べられる。

*なすの皮がかたい場合は、全部むくこと。

保存の目安	冷蔵庫で１週間くらい

しょうが、みょうがの梅酢漬け3種

焼き魚の添えに酒の肴に、刻んでごはんに混ぜて酢飯にも。

葉しょうがの梅酢漬け（中）

材料と作り方（作りやすい分量）

1 漬け酢の材料［梅酢250㎖（→p.39）＋米酢180㎖＋三温糖大さじ2］はよく混ぜ合わせる。

2 葉しょうが280gは、茎を斜めに切る。根が何個かついている場合は1個ずつ切り離し、皮の汚れはこそげとる。

3 **2**を熱湯（0.5％塩を加える）でさっとゆでてザルにあげて湯をきり、温かいうちに保存容器に入れて**1**を注ぐ（茎もすべて漬け酢に浸すこと）。

新しょうがの梅酢漬け（左）

材料と作り方（作りやすい分量）

1 新しょうが300gは、せん切り（または薄切り）にし、熱湯（0.5％の塩を加える）でさっとゆでてザルにあげて湯をきり、温かいうちに保存容器に入れ、梅酢（→p.39）をひたひたまで注ぐ（目安200㎖）。

みょうがの梅酢漬け（右）

材料と作り方（作りやすい分量）

1 漬け酢の材料［梅酢100㎖（→p.39）＋三温糖大さじ1］はよく混ぜ合わせる。

2 みょうが130gは縦半分に切って茎を切り落とし、熱湯（0.5％の塩を加える）でさっとゆでてザルにあげて湯をきり、温かいうちに保存容器に入れて**1**を注ぐ。

保存の目安	いずれも冷蔵庫で1か月くらい
食べごろ	いずれも翌日から食べられる

長いも、大根、こんにゃくの赤梅酢漬け

保存袋で漬けるポイントは、しっかり空気をぬくこと。これで味がよくなじみます。

材料（作りやすい分量）

▶ 漬け酢
- 赤梅酢（→p.39）… 100mℓ
- 水… 150mℓ
- 薄口しょうゆ… 大さじ2

長いも… 250g
大根… 300g
昆布（5cm角）… 1枚
こんにゃく（白）… 小1枚

作り方

1 漬け酢の材料をよく混ぜ合わせる。

2 長いもは細めの棒状に切り、保存袋に入れて**1**をひたひたに注ぐ。

3 大根は皮をむいて薄い輪切りにし、保存袋に入れて塩ひとつまみ（分量外）を加え、なじませて水けをしぼり、昆布を加えて**1**をひたひたに注ぐ。好みで昆布をせん切りにして添える。

4 こんにゃくは薄く切って下ゆでし、湯をきって熱いうちに保存袋に入れ、**1**をひたひたに注ぐ。

保存の目安	冷蔵庫で1週間〜10日くらい
食べごろ	いずれも翌日から食べられる

鶏のから揚げ

つけ汁の塩を梅酢にかえると、梅の香りが食欲をそそります。

材料（約6人分）

鶏もも肉…2枚（500g）
▶つけ汁
　梅酢（→p.39）…大さじ3
　しょうゆ…25mℓ
　みりん…35mℓ
　酒…50mℓ
　おろししょうが…小さじ1
　おろしにんにく…小さじ1
　卵（割りほぐす）…1個分
片栗粉、小麦粉…各適量
揚げ油…適量
粗びき黒こしょう、粉山椒
　…各適宜

作り方

1 つけ汁の材料は合わせる。鶏肉は黄色い脂をとり除き、食べやすい大きさに切り、つけ汁をもみ込んで20分ほどおく。

2 バットにキッチンペーパーを敷き、つけ汁から鶏肉を取り出してかるく汁けをとり、片栗粉と小麦粉を同量合わせてまぶす。

3 2度揚げする。180℃の揚げ油で揚げて八割くらいまで火をとおし、油をきってひと呼吸休ませ、少し高めの温度の油で30秒くらい揚げて油をきる。器に盛り、好みで粗びき黒こしょう、粉山椒をふる。

ゴーヤのおひたし

ゴーヤは変色するので梅酢は食べる直前に。

材料（4〜6人分）

ゴーヤ
　…白と緑各1本*
▶ひたし汁
　だし…570mℓ
　酒、みりん
　…各小さじ1
　薄口しょうゆ
　…大さじ1と½
　塩…小さじ½
白梅酢（→p.39）
　…大さじ2

*白ゴーヤがなければ緑だけを2本でOK。

作り方

1 ひたし汁の材料を合わせて火にかけ、ひと煮立ちさせて火を止め、氷水に鍋底を当てて急冷する。

2 ゴーヤは縦に半分に切って種とワタをとり除き、小口から薄く切る。塩少々（分量外）を加えた湯で30秒ゆでて氷水にとり、水けをしぼる。

3 **1**に**2**を浸し、器に汁ごと盛り、白梅酢を加える。

たこときゅうりの酢の物

定番の酢の物も梅酢で作れば風味アップ。

材料（作りやすい分量）

きゅうり…1本
ゆでだこ…適量
塩…ふたつまみ
▶合わせ酢
　米酢…大さじ1
　白梅酢（→p.39）
　…小さじ1
　三温糖…小さじ½
しょうが（せん切り）
　…適量

作り方

1 合わせ酢の材料をよく混ぜ合わせる。

2 きゅうりは小口から薄く切り、塩を加えて塩もみし、水けをしぼる。たこは斜めに薄く切る。

3 **2**を器に盛り、**1**を適量まわしかけ、しょうがのせん切りを添える。

水菜と油揚げのサラダ

焼いた油揚げに梅酢ドレッシングをよくからめて水菜とねぎをあえるのがコツ。

材料（2〜4人分）

水菜…1袋
九条ねぎ…1本
油揚げ…1枚
▶ 梅酢ドレッシング
白梅酢(→p.39)
…大さじ2
ワインビネガー
…大さじ1
オリーブ油…大さじ3
白こしょう…少々

作り方

1 水菜は氷水につけてパリッとさせて水けをきり、食べやすい長さに切る。九条ねぎは水菜の長さに合わせて斜め薄切りにする。油揚げはオーブントースターでカリカリに焼いて細く切る。

2 1を器に盛り、梅酢ドレッシングの材料をよく混ぜ合わせて添え、食卓で適量かけてあえる。

梅酢めんつゆ

梅酢を加えたキレのよいめんつゆです。

材料（作りやすい分量）

だし…200 mℓ
みりん…50 mℓ
しょうゆ…50 mℓ
梅酢（→p.39）…50 mℓ

作り方

だし、みりん、しょうゆを合わせて火にかけてひと煮立ちさせて火を止め、鍋底を氷水に当てて急冷して、梅酢を加える。

保存の目安	冷蔵庫で1週間くらい

\ 梅酢めんつゆを使って /

【そうめん】

材料と作り方

そうめんはゆでて、氷水にとってよく洗ってしめ、器に盛る。梅酢めんつゆと万能ねぎ小口切り、しょうがなど薬味を添える。

【冷や奴】

材料と作り方

冷やした豆腐を器に盛り、から炒りした桜えび適量をのせ、梅酢めんつゆをかける。

てまりずし

持ち寄りにもおもてなしにも喜ばれます。

材料（作りやすい分量）

米…1合
昆布（5㎝角）…1枚

▶すし酢
赤梅酢（→p.39）…大さじ3
三温糖…大さじ1
すし種…好みのもの適量

作り方

1 すし酢の材料はよく混ぜ合わせる。

2 米1合はとぎ、水加減して昆布を加えていつものように炊き、炊きたての熱いうちに**1**を加え、手早く混ぜ合わせて酢飯を作る。

3 **2**をラップで小さな手まり形にして、卵焼き、あじの刺身、いかとすだちをのせる。ごまを加えて混ぜて手まり形にして、しょうがのせん切りと青じそのせん切りをのせる。手まり形にして桜の葉の塩漬けを巻いて桜漬け（下記参照）をのせる。

桜漬け

お湯を注いで桜湯、ご飯に混ぜて桜めしに。

材料と作り方（作りやすい分量）

1 八重桜の花は花柄《かへい》をつけて摘む。ボウルに入れた水のなかでやさしく洗い、キッチンペーパーで水けをとる。

2 **［塩漬けにする］**　桜の花の重量の15%の塩を用意する。保存瓶に塩、花の順に交互に入れ、一番上は塩を入れる。ラップをかけ、花が落ち着く程度の重しをする。1〜2日ほどして水けが出てきたら花をしぼる。

3 **［赤梅酢に漬ける］**　**2**を保存容器に入れて赤梅酢をひたひたに注ぎ、3日ほど漬ける。

4 **［干して保存］**　**3**をザルに広げて干して乾燥させ、塩適量をまぶして保存容器に入れる。

保存の目安	常温で約1年

梅塩で

れんこんの天ぷら 梅塩添え

梅の香りでかろやかになり、いくらでも食べられそう。おもてなしにも大活躍です。

材料（1人分）

れんこん(半月切り)… 2枚
天ぷら衣*、小麦粉… 各適量
揚げ油… 適量
梅塩(→p.88)… 適量
＊市販の天ぷら粉を表示どおりに用いる

作り方

れんこんは、小麦粉をかるくふり、天ぷら衣をつけて170℃の揚げ油で揚げ、油をきる。器に盛って梅塩をひとつまみ添える。

● 梅塩は、ほたて貝柱、えびなど魚介の天ぷらやかき揚げなど天ぷら一般によく合う。

小梅の
カリカリ漬け
で

さけのフライ 小梅タルタル添え

食感と風味のよいタルタルは魚介のフライと好相性！　そのまま箸休めにもなります。

材料（1人分）

生さけ… 1切れ
塩、こしょう… 各少々
小麦粉、ほぐし卵、パン粉
… 各適量
キャベツ（せん切り）… 適量
かぼす… ¼個
揚げ油… 適量

▶ 小梅タルタル（作りやすい分量）

小梅のカリカリ漬け（→p.14）
（みじん切り）… 5個分
玉ねぎ（みじん切り）… ⅛個分
ゆで卵（みじん切り）… 2個分
マヨネーズ… 90g
黒こしょう… 少々

作り方

1 小梅タルタルの材料はよく混ぜ合わせる。

2 さけは塩、こしょうをふり、小麦粉、ほぐし卵、パン粉を順にまぶし、180℃の揚げ油で揚げ、油をきる。

3 器に**2**を盛ってキャベツ、かぼすを添え、**1**のタルタルをかける。

小梅タルタルの保存の目安
冷蔵庫で **4〜5** 日くらい

焼きなすの梅しょうゆかけ

梅しょうゆをかけるだけで粋なひと皿に。

材料（2人分）

なす… 2〜3本
おろししょうが… 少々
梅しょうゆ（→p.70）… 適量

作り方

1 なすは網かグリルで返しながら、まんべんなく焦げ色がついてパンパンにふくらむまでじっくり焼く。熱いうちに皮をむいて粗熱がとれたらしっかり冷蔵庫で冷やす。

2 1はヘタを切り落とし食べやすく裂いて器に盛り、おろししょうがをのせ、梅しょうゆをかける。

ほうれん草の梅しょうゆかけ

いつもの「おひたし」がひと味アップ。

材料と作り方（1人分）

ほうれん草適量はゆでて水にとってしぼり、食べやすい長さに切る。器に盛って梅しょうゆ（→p.70）適量をかけ、削り節適量をかける。

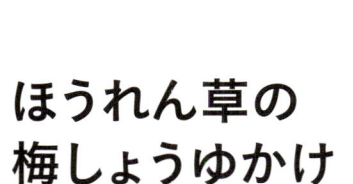

海鮮丼

夏の海鮮料理にさわやかな風味を添えます。

材料（1人分）

さしみ盛り合わせ（たい、あじ、いか、えびなど好みで）
…1人分
万能ねぎの小口切り、白いりごま…各適量
つま野菜（きゅうり、大根、青じそのせん切り）…適量
おろしわさび…少々
ごはん…丼1杯分
梅しょうゆ（→p.70）…適量

作り方

1 えび*はさっとゆで、殻をむく。
＊刺身用なので好みで生のままでもよい。

2 器にごはんを盛り、白いりごまを全体に散らし、つま野菜を広げてのせる。たい、あじ、いか、**1**のえびをのせ、あじには万能ねぎをのせる。好みでわさびを添える。

3 梅しょうゆをかけて食べる。

即席吸い物

湯を注ぐだけで香りのよいお吸い物に

材料と作り方（1人分）

椀に削り節ふたつまみ、とろろ昆布ふたつまみを入れ、梅しょうゆ（→p.70）小さじ1をまわしかけて熱湯を適量注ぐ。好みで三つ葉の粗みじん切りを加える。

牛しゃぶサラダ 梅しょうゆドレッシング

ピリ辛のドレッシングであえたごはんがすすむおかずサラダです。

材料（2〜3人分）

牛しゃぶしゃぶ用肉…300g
小松菜…½束
ブロッコリー…1株
万能ねぎ…5本
酒…大さじ1
▶梅しょうゆドレッシング
　梅しょうゆ（→p.70）
　　…50mℓ
　ごま油…50mℓ
　オイスターソース
　　…小さじ1
　豆板醤…小さじ½

作り方

1 梅しょうゆドレッシングの材料は混ぜ合わせる。

2 小松菜と万能ねぎは食べやすい長さに切る。ブロッコリーは小房と芯に切り分け、それぞれ食べやすい大きさに切る。

3 鍋に約1ℓの湯を沸かして酒を加え、火を弱めて牛肉を赤みが残るくらいにさっとしゃぶしゃぶしてザルに取り出す。続いてその湯にブロッコリーと小松菜を入れて、かためにゆでてザルにあげる。

4 3の野菜に2の万能ねぎを加えて器に盛り、3の肉を盛り合わせ、1を適量かける。肉で野菜を巻いて食べる。

ピーマンの炒め物
梅しょうゆ風味

ピーマンの水分を出さないように、熱くしたフライパンで強火で一気に仕上げること。

材料（4人分）

ピーマン… 8個
塩… ひとつまみ
白すりごま… 大さじ3
米油… 少々
梅しょうゆ（→p.70）… 大さじ1

作り方

1 ピーマンは種とワタをとり除き、縦にせん切りにする。

2 フライパンに米油を入れて強火にかけ、煙が出るまで熱し、**1**と塩を入れて強火で一気に手早く炒めて仕上げる。

3 器に盛り、梅しょうゆをかけ、すりごまをふりかける。

しょうゆ梅ごはんの おむすび

熟成したしょうゆ梅とごはんは好相性！

材料と作り方（1人分）

1 しょうゆ梅（→p.70）の果肉½～1個分は細かく刻む。

2 温かいごはん適量に**1**と白いりごま適量を加えて混ぜておむすびを作る。

冷や奴の しょうゆ梅だれ

しょうゆ梅で作るマルチな香味だれ。

材料と作り方（1人分）

1 しょうゆ梅だれを作る*。しょうゆ梅（→p.70。みじん切り）1個分、パクチーのみじん切り大さじ1、長ねぎのみじん切り大さじ1を混ぜ合わせる。

2 器に冷やした豆腐を盛り、トマトの薄切りを4～5枚のせてその上に**1**をのせる。

＊この「しょうゆ梅だれ」は水餃子、あえめん、パスタ、うどんにもよく合うし、味をみながらオイルを適量加えてサラダのドレッシングにもよい。

ポテトサラダ

しょうゆ梅の発酵した旨味はマヨネーズとよく合います。

材料（作りやすい分量）

じゃがいも…3個
玉ねぎ…⅛個
塩…適量

A
- マヨネーズ…大さじ4〜5
- 梅しょうゆ（→p.70）…小さじ1
- ゆずこしょう…小さじ½〜1

しょうゆ梅の果肉（→p.70。細かく刻む）…1と½個分*
カリカリベーコン…適量

＊1年漬けた梅なら½〜1個。漬けていた長さによって塩分が強くなるので注意

作り方

1 じゃがいもは皮ごとまるのまま鍋に入れて水をひたひたに加え、塩大さじ1を加えてやわらかくなるまでゆでる。熱いうちに皮をむいて粗くつぶす。玉ねぎは繊維にそって薄切りにし、塩少々をふって塩もみし、水けをしぼる。

2 1としょうゆ梅の果肉をボウルに入れて**A**を加えてあえ、器に盛り、カリカリベーコン**をのせる。

＊＊じゃこのカリカリ、フライドオニオンでもよい。

青梅の梅みそで

梅みそ焼きおむすび

お酒のあとのシメにも、おやつがわりにも。

材料と作り方（1人分）

温かいごはんをおむすびにして、片面に青梅の梅みそ適量（→p.72）を塗り、オーブントースターか魚焼きグリルで香ばしく焼く。好みでごま塩をふる。

蒸し野菜の梅みそマヨ添え

いもや根菜をとり合わせて蒸し、梅みそマヨを添えるだけで一品に。

材料（1人分）

とうもろこし… 1/6個
さつまいも… 1/4個
じゃがいも… 1/2個
かぼちゃ（くし形切り）… 2枚
長いも（いちょう切り）… 1枚
れんこん（半月切り）… 1枚
里いも（小）… 3個
ゆで卵（殻をむく）… 1/2個
▶ 梅みそマヨ
　青梅の梅みそ（→p.72）、
　　マヨネーズ… 各大さじ1

作り方

1. とうもろこしはゆでる。長いもは皮をむく。
2. 湯気のあがった鍋に、野菜を盛った蒸籠をセットして10～15分ほど蒸す、蒸しあがったらゆで卵を加え、里いもは頭のほうの皮をむいて衣かつぎにする。
3. 梅みそマヨの材料を合わせて別の器で添える。

野菜スティック＆梅みそ

梅みそなら、調味しなくてもOKです！

材料と作り方（作りやすい分量）

野菜（きゅうり、セロリ、大根、にんじん）適量はスティック状に切り、青梅の梅みそ適量（→p.72）を別の器で添える。

ホイコーロー

梅みそとオイスターソースで完璧なホイコーローに。キャベツは強火で炒めること。

材料（2人分）

豚バラ肉焼き肉用（厚めのもの）*
…150g
キャベツ…¼個
にら…1束
にんにく（薄切り）…1片分
塩…適量
青梅の梅みそ（→p.72）、
オイスターソース
…各大さじ1と½〜2（同量）
しょうゆ…小さじ½
油…適量

*食べた満足感がある少し厚めの焼き肉用がおすすめ

作り方

1 豚肉はひと口大に切り、塩小さじ½をふってなじませる。キャベツとにらはざく切りにする。

2 フライパンに油少々をひいて火にかけ、豚肉を両面色よく焼いて取り出す。フライパンをかるくふき、油少々をひいて火にかけ、にんにくを入れて香りが立つまで炒め、火を強めてキャベツを入れて炒め、にらを加えて塩ひとつまみをふって炒め合わせる。

3 強火のまま**2**の豚肉を戻し入れ、青梅の梅みそとオイスターソースを加えて炒め合わせ、仕上げにしょうゆを鍋肌から加えて混ぜ合わせる。

〈青梅の梅みそで〉

ゆで鶏の梅みそドレッシング

ゆで鶏は火を止めて蒸し煮するのがコツ。梅みそとねぎを添えるとごちそうになります。

材料（3〜4人分）

鶏むね肉… 2枚(500g)

A
- 水… 300mℓ
- 長ねぎの青い部分 … 約5cm
- しょうが(薄切り) … 1枚

B
- 水… 100mℓ
- 酒… 50mℓ

白髪ねぎ… 適量

C
- 青梅の梅みそ(→p.72) … 大さじ2
- しょうゆ… 小さじ2
- ごま油… 大さじ1

ラー油… 好みで適量

作り方

1 鶏肉は30分ほど室温に出して常温にもどす。

2 鍋に**A**を入れて火にかけ、沸いたら**B**と**1**の鶏肉を入れ、ひと煮立ちしたら火を止めてふたをする。冷めるまでそのままおいて火をとおす。

3 **C**を混ぜ合わせる。**2**を薄く切って器に盛り、白髪ねぎを盛り合わせ、**C**を添える。鶏肉で白髪ねぎを巻いて**C**をつけて食べる。好みでラー油をかける。

なすの梅みそ田楽

じっくり揚げたなすに、梅みそを塗って焼くだけ。練りみそを作る手間なしです。

材料（1人分）

大形のなす
（賀茂なすか米なす）＊… 1個
揚げ油… 適量
青梅の梅みそ（→p.72）、
けしの実… 各適量
＊大きななすに限らず普通のなすで同様にしてもおいしい。

作り方

1 なすは底が平らになるように少し切り落とす。ガク（ヘタの周囲のひらひらした部分）をとり除き、頭のほうを切り分ける。切り口に深めの切り目を縦横に入れる。

2 なすを170～180℃の揚げ油に入れ、15～20分ほどかけてやわらかくなって串が通るまで揚げる。途中、時間差で頭の部分も加えて一緒に揚げる。

3 油をきり、切り口に青梅の梅みそを塗ってオーブントースターで表面を焼き、器に盛ってけしの実をふる。

かきとねぎのぬた

梅みそに卵黄を加えるだけでおいしい酢みそに！

材料（1人分）

かき（生食用）… 1〜2個
わけぎ… 1本
▶ 酢みそ（作りやすい分量）
　青梅の梅みそ（→p.72）
　　… 大さじ2
　卵黄… 1個分
大根おろし… 適量

作り方

1 酢みそを作る。梅みそに卵黄を加えて練り混ぜる。

2 わけぎは、葉先を少し切り落としてゆで、氷水にとって冷ます。根元のほうからすりこぎを転がして葉の中のぬめりを葉先から押し出し、食べやすい長さに切りそろえる。

3 かきは大根おろしで洗って、さっとゆでひと口大に切る。

4 器に**2**と**3**を盛り合わせ、**1**を適量かける。

酢みその保存の目安
冷蔵庫で1週間ほど

豚ロース肉のみそ漬け焼き

ラップに包んで漬けます。ごはんによく合うし、冷めてもおいしいのでお弁当にもおすすめ。

材料（1人分）

豚ロース肉厚切り（とんかつ用）
…1枚（150g）
青梅の梅みそ*（→p.72）
…大さじ3
新しょうがの梅酢漬け（→p.93）
…適量

*肉のみそ漬けは黄熟梅の梅みそ（→p.74）でも同様にして作れる。

作り方

1 ラップを広げて梅みその半量を塗り、豚肉を置いて残りの梅みそを塗ってラップでぴっちり包む。冷蔵庫で3時間以上なじませる。

2 魚焼きグリルに**1**を入れて両面色よく焼く。

3 食べやすく切って器に盛り、新しょうがの梅酢漬けを添える。

● 梅みそに漬けた状態で冷蔵庫で3日ほど保存できる。

梅干しで

じゃがいものきんぴら

じゃがいものいつもと違うおいしさ発見。梅干しの種も一緒に炒めるのがポイント。

材料（作りやすい分量）

じゃがいも（メークイン）
…２個
梅干しの果肉
（→p.24。たたく）… ½個分
梅干しの種…１個
油… 大さじ½
赤唐辛子（種はとり除く）
…１本分
だし…50mℓ
薄口しょうゆ… 小さじ1
白こしょう… 少々

作り方

1 メークインは皮をむいて、厚さ2㎜に切って、さらに幅2㎜のせん切りにする。ボウルに入れて水にさらし、ザルにあげて水をきる。

2 フライパンに油と赤唐辛子を入れて火にかけ、梅干しの種と果肉を炒め、**1**を加えて手早く炒めて油がまわったら、だしを加えて汁けがなくなるまで炒め煮し、薄口しょうゆを加えて、白こしょうをふって仕上げる。

セロリの梅炒め

意外な組み合わせですが箸が止まらない!

材料（作りやすい分量）

セロリ（葉つき）… 2本
梅干しの果肉
（→p.24。たたく）
… ½個分
ちりめんじゃこ
… 大さじ1強
油… 大さじ1

作り方

1 セロリは、茎は斜めに薄切りに、葉はみじん切りにする。

2 フライパンに油を入れて火にかけ、煙が出るまで熱くして、セロリの葉と梅干しの果肉を入れてあえるように炒め、油がまわったら茎を入れてからめ、ちりめんじゃこを加えて炒め合わせる。

梅ごぼう

ごぼうと梅干しの滋味がしみじみおいしい。

材料（作りやすい分量）

ごぼう… 1本
A
水… 80mℓ
酒、みりん
… 各大さじ2
三温糖… 大さじ½
梅干し（→p.24。果肉はたたく）
… 1個
薄口しょうゆ
… 小さじ1

作り方

1 ごぼうは（スが入っていたら、縦に4つ割りにしてスを切り落とす）、斜めに食べやすい長さに切り、水にさらしてザルにあげる。

2 鍋に**A**を入れて火にかけ、**1**を入れてひと煮立ちしたら薄口しょうゆを加えて煮汁がほぼなくなるまで照りよく煮からめる。

いわしの梅煮

煮えたらそのまま冷ましてひと晩おくと骨までやわらかくなります。

材料（2人分）

いわし…4尾
酢*…大さじ1

A
- 水…160mℓ
- 酒…100mℓ
- みりん…大さじ1
- 三温糖…大さじ1
- 梅干し（→p.24）…2個

しょうゆ…大さじ½
しょうが（せん切り）…適量

*酢をかけることでいわしの臭みがとれるだけではなく、皮がはがれにくくなる。

作り方

1 いわしは頭を切り落とし、はらわたをとり除いて腹の中をきれいに洗い、キッチンペーパーで水けをふく。

2 鍋に1のいわしを重ならないように並べ、酢をふりかけていわしを裏返して酢が全体にまわるようにする。鍋を傾け、酢をこぼして捨てる（少し残ってもよい）。

3 2の鍋にAを加えて火にかけ、煮立ってきたらアクをすくい、しょうゆを加え、落としぶたをして煮汁が⅓程度になるまで弱火で煮て火を止める。そのまま冷まして味をなじませる。せん切りしょうがを添えて盛る。

手羽元の梅カレー煮

鍋に残った煮汁をごはんにからめて食べると2度おいしい。

材料（4人分）

手羽元…8本(450g)
カレー粉…10g
ゆで卵(殻をむく)…4個
A
- 水…200mℓ
- 酒…100mℓ
- しょうが(薄切り)…5枚
- 梅干し(→p.24。果肉はたたく)…3個
- はちみつ…大さじ1

薄口しょうゆ…小さじ½
パクチー(ざく切り)…適量

作り方

1 鍋に湯を沸かし、手羽元を入れてさっと湯を通してザルにあげ、霜降りにし(余分な油や付着している血が落ちて味がよくなる)、カレー粉をまぶす。

2 鍋にAと1とゆで卵を入れて火にかけてひと煮立ちさせ、薄口しょうゆを加えて弱めの中火にして、途中、鍋を揺すりながら汁にとろみがでるまで煮からめる。一度冷めると味がなじむ。食べるときにかるく温め直すとおいしい。

3 器に盛ってパクチーを添える。

切り干し大根の梅煮

梅のチカラでさっぱりと食べやすい味わいに。

材料（作りやすい分量）

切り干し大根…50g
にんじん…5cm
油揚げ…1枚
油…大さじ1
A
だし…400mℓ
みりん…50mℓ
梅干し（→p.24）…1個
薄口しょうゆ…大さじ½

作り方

1 切り干し大根は袋の表示にしたがってもどして水けをしぼる。にんじんはせん切りにする。油揚げは油ぬきをしてせん切りにする。

2 鍋に油を入れて火にかけ、にんじん、切り干し大根、油揚げの順に加えて炒める。**A**を加えてひと煮立ちさせ、火加減しながら煮汁がほとんどなくなるまで煮て、味をみて薄口しょうゆ（分量外）を加えて味をととのえる。

ガスパチョ

しっかり冷やしてどうぞ！　冷たいそうめんをあえてもおいしいものです。

材料（作りやすい分量）

A
- 完熟トマト… 大２個
- 玉ねぎ… ⅛個
- きゅうり… １本
- セロリ（葉つき）… ½本
- パプリカ… ½個
- ピーマン… １個
- 梅干しの果肉（→p.24。たたく）… ２個分

塩… 適量
オリーブ油、パプリカ・パウダー… 各少々

作り方

1 Aの野菜はすべてざく切りにし、梅干しの果肉と合わせてミキサーかブレンダーにかける。味をみて塩で調味する。冷蔵庫で冷たくなるまで冷やす。

2 器に盛り、オリーブ油をかけ、パプリカ・パウダーをふる。

あえめん

さば缶と梅干しとマヨネーズのコンビはめんにもパンにも合います。

材料（2人分）

半田そうめん*… 2束

A
- さば水煮缶… ½缶
- マヨネーズ… 大さじ1
- 梅干しの果肉（→p.24。たたく）… 1個分

貝割れ菜… ⅓束

ゆでた枝豆… 30〜40粒

*太めのそうめんなら、好みのもので OK。

作り方

1 貝割れ菜は根を切り落とし、長さを半分に切る。半田そうめんは袋の表示にしたがってゆで、流水にとってしめ、水をきる。

2 ボウルにAを入れて混ぜ合わせ、1のめんと貝割れ菜を入れてよくあえる。器に盛って枝豆を散らす。

レタス炒飯

ごはんと具はていねいに炒め、レタスを加えたらひと呼吸で器に盛りましょう。

材料（2人分）

冷やごはん… 2膳分
卵… 2個
レタス… 3枚
長ねぎ(みじん切り)
… ½本分
梅干しの果肉(→p.24。たたく)… 2個分
ちりめんじゃこ… 大さじ2
酒… 大さじ1
白こしょう… 少々
油… 適量

作り方

1 卵は割りほぐす。レタスは大きめにちぎる。

2 フライパンに油大さじ2を入れ、火にかけて熱し、**1**の卵を流し入れて大きく混ぜて半熟状になったら取り出す。

3 **2**のフライパンに油大さじ1入れて強火にかけ、長ねぎを入れて炒め、ごはんを入れてほぐしながら混ぜ、**2**の卵、梅干しの果肉、ちりめんじゃこを加えて炒め合わせる。酒を加え、白こしょうをふって炒めてほぼ仕上げ、**1**のレタスを加えてひと混ぜして器に盛る。

梅おろしうどん

鬼おろしの水けをきって梅干しと合わせるとうどんによくからまってくれます。

材料（1人分）

冷凍うどん… 1人分
大根おろし（鬼おろしで粗くおろす）… ¼カップ
梅干しの果肉（→p.24。たたく）… 1個分
青じそのせん切り… 適量

作り方

1 大根おろしはザルに入れて水けをきる。梅干しの果肉を加えて混ぜ、丸くまとめる。

2 うどんは袋の表示どおりに好みの温かさにし、器に盛り、1をのせて青じそを添える。

ミートソース

コクのある味わいの隠し味は梅干し。パスタにはもちろん、オムレツにもラザニアにもおすすめです。

材料（4人分）

牛ひき肉（粗びき）… 300g

A
- にんにく（みじん切り）… 1片分
- 玉ねぎ（みじん切り）… ½個分
- なす（皮をむいて1cm角切り）… 2本分
- にんじん（粗みじん切り）… ½本分

ナツメグ、塩、黒こしょう
　… 各少々

トマト（皮をむいて粗みじん切り）
　… 大1個分

トマトペースト… 大さじ3

梅干し（→p.24。果肉はたたく）
　… 3個

しょうゆ… 大さじ1

油… 大さじ1と½

作り方

1 鍋に油を入れて火にかけ、Aをにんにく、玉ねぎ、なす、にんじんの順に加えて油がまわるまで炒める。牛ひき肉を入れて塩、黒こしょう、ナツメグを加えて炒めて火をとおす。

2 トマト、トマトペースト、梅干しを加えて煮つめ、味をみてしょうゆを加減して加えて味をととのえる。

【スパゲティ・ミートソース】

材料と作り方

1 スパゲティは袋の表示にしたがってゆでる。

2 フライパンにミートソースを入れて温め、1を加えてミートソースをからめる。器に盛り、おろしたパルミジャーノをかける。

にゅうめん

たいにふった片栗粉のとろみが広がって温まる、寒い日のごちそうです。

材料と作り方（1人分）

1 そうめん（乾めん）50gはゆでて、流水にとってしめ、ザルにあげる。

2 梅だし180mℓは梅干し（→p.24）を入れたまま火にかけ、たいの刺身2切れに片栗粉（あればくず粉）を薄くまぶして入れ、**1**を加えて温める。

3 器に盛り、さらしねぎ*適量を添える。

＊長ねぎの白い部分を小口切りにし、水にさらして辛みをぬいてしぼる。

梅だし

体にすっとしみわたり
疲れを払う梅干し効果満点！

材料と作り方
（できあがり量 700mℓ）

鍋にだし700mℓを入れ、梅干し2個を加えてふたをしてごく弱火で30分くらい煮だす。

保存の目安	冷蔵庫で2日くらい

冷やし茶碗蒸し

梅だしの具なし冷やし茶碗蒸しに、梅だしのあんをかけた上品な一品。

材料（2人分）

卵…2個
梅だし（→p.126）…360mℓ
▶ あん
　梅だし（→p.126）…80mℓ
　水溶き片栗粉
　　…片栗粉小さじ⅓＋
　　水小さじ1
梅干しの果肉（→p.24）
　…少量

作り方

1 卵は割りほぐし、梅だしを加えて混ぜて目の細かいザルで漉し、器に等分に入れる。

2 湯気の上がった蒸し器に**1**を入れて、ふたにふきんをかませて強火で2分、弱火で10～20分*蒸す。蒸し器から取り出して粗熱がとれたら冷蔵庫で冷やす。

3 あんを作る。梅だしを火にかけ、水溶き片栗粉を加えてとろみをつけて冷やす。

4 **2**の上に**3**を薄く流して、梅干しの果肉をのせる。

＊蒸し時間は、蒸し器、茶碗蒸しの器によって熱のまわり方が異なるので、途中で確認しながら蒸すこと。

さんまの梅びしお巻き揚げ

梅干しの味がなじむころ、さんまの旬到来。季節の出会いを楽しむ一品です。

材料（1〜2人分）

さんま(三枚におろしたもの)
…2尾
青じそ…2〜3枚
梅びしお(→p.86)…適量
すだち…½個
小麦粉、ほぐし卵、パン粉
…各適量
揚げ油…適量

作り方

1 青じそは茎を切り落とし、さんまの身幅に合わせて切る。

2 さんまは腹骨をすきとり、皮は残してV字に包丁を入れて中央の血合いと骨をとり除く。

3 **2**を皮目を下にして広げ、梅びしおを薄く塗り、**1**の青じそを並べて置いて尾から頭に向かって巻き、巻き終わりを楊枝でとめる。

4 小麦粉、ほぐし卵、パン粉の順につけて、180℃の揚げ油で揚げ、油をきる。器に盛ってすだちを添える。

えのきのなめたけ風

酒と梅びしおで調味すると、なめたけ風に。

材料と作り方

1 えのきだけ1パックは石づきを切り落とし、茎がくっついている部分は裂いて切り離し、長さ1.5cmに切る。

2 鍋に**1**を入れ、酒大さじ3、梅びしお(→p.86)大さじ1と½、水大さじ1を加え、ふたをして水分が少なくなるまで蒸し煮する。削り節適量を加えて仕上げる。

カマンベールと梅びしおの揚げ餃子

小腹がすいたときのおやつにも、おつまみにも。

材料と作り方

1 餃子の皮に梅びしお(→p.86)を薄く塗り、カマンベール⅛切れを置いて餃子の皮をもう1枚重ねてはさんで縁を濡らしてUFO形に閉じる。

2 フライパンに深さ1cmくらいの油を入れ、**1**を色よく揚げ焼きして油をきり、塩少々をふる。

〈梅びしおで〉

たけのこ煮の鶏そぼろあん

さわやかな風味のそぼろです。鶏肉と酒を箸で細かく炒って調味するのがコツ。

材料（3〜4人分）

▶ 鶏そぼろあん
- 鶏ひき肉…300g
- 酒…大さじ3
- しょうが(すりおろし)…小さじ1
- 梅びしお(→p.86)…大さじ1と½
- 水溶き片栗粉…片栗粉大さじ1+水大さじ1

ゆでたけのこ…1本

A
- だし…500mℓ
- 酒…50mℓ
- 塩…小さじ½

木の芽…適量

作り方

1 たけのこは、鍋に入れて**A**を加えて煮含める。

2 鶏そぼろあんを作る。鍋に鶏ひき肉と酒を入れて箸4〜5本で炒り、しょうがと梅びしおを加えて調味し、水溶き片栗粉を加えてひと煮して仕上げる。

3 器に**1**のたけのこを盛り、**2**の鶏そぼろあんをかけ、木の芽を添える。

やまといもとオクラともずくのネバネバ丼

ねばねばトリオの隠し味は梅びしお。

材料（作りやすい分量）

オクラ…1袋
やまといも…3cm
もずく（味なし）…50mℓ
A
だし…100mℓ
梅びしお（→p.86）
…大さじ1弱
しょうゆ…少々
卵黄
…適量（ひとり1個分）
温かいごはん…適量

作り方

1 オクラは塩（分量外）をふって表面をこすってうぶ毛を落とし、熱湯でゆでてざるにあげ、粗熱がとれたら刻んでたたく。やまといもはすりおろす。もずくは水けをきって食べやすく切る。

2 ボウルに**1**を入れ、**A**を加えてよく混ぜ合わせ、しょうゆで味をととのえる。

3 茶碗にごはんを盛り、**2**をかけて、卵黄を1個ずつのせる。混ぜながら食べる。

ちくわの梅びしお詰め

手軽に作れておいしいお弁当の定番おかず。

材料と作り方

ちくわ1本の穴に梅びしお（→p.86）を詰め*、食べやすい長さに切る。ちくわ1本の穴にはきゅうりの細切りを詰め、斜めに切る。

*ポリ袋に梅びしおを入れて袋の角を少し切ってしぼり入れるとよい。

梅酒ゼリー

梅酒と和三盆がマッチした大人のゼリーです。

材料（100mℓのゼリー型4個分）

梅酒（→p.62）… 150mℓ
水… 150mℓ
板ゼラチン… 7g
和三盆… 20g
梅酒の梅… 3個

作り方

1 板ゼラチンは水（分量外）に浸してもどす。梅酒の梅は刻む。

2 鍋に梅酒、水を入れて火にかけ、和三盆を加えて煮溶かし、アルコールをとばし、**1**の板ゼラチンの水けをしぼって加えて煮溶かす。

3 火からおろしてボウルに漉し入れ、**1**の果肉を加え、ボウルの底を氷水に当てながら果肉が沈まないようにとろみがつくまで冷やす。

4 ゼリー型に**3**を等分に入れて冷蔵庫で冷やし固める。型から外して器に取り出す。

梅酒バター

レーズンバターの梅酒バージョンです。

材料と作り方（作りやすい分量）

1 梅酒（→p.62）の梅2個とピスタチオ10個はそれぞれ粗めに刻む。

2 バター（加塩タイプ）100gは室温にもどし、**1**を加えて混ぜ、クッキングシートに包んで棒状に形を整え、冷凍庫で冷やし固める。スライスして器に盛る。

● 梅酒のアルコールが残っているのでアルコールに弱い方や未成年者はさけて下さい。

スペアリブの梅酒煮

梅酒で煮ると梅の酸が肉を風味豊かにやわらかく煮上げてくれます。

材料（5〜6人分）

スペアリブ…1kg

A
- 酒…大さじ3
- 粗びき黒こしょう…少々

油…大さじ3

B
- にんにく（つぶす）…1片
- 梅酒の梅…4個
- 梅酒（→p.62）…200mℓ
- 水…300mℓ

みりん…大さじ1

しょうゆ…大さじ2

作り方

1 スペアリブはボウルに入れてAを加えてもみ、20分ほどおいて下味をつける。汁けをキッチンペーパーでふく。

2 フライパンに油を入れて火にかけて熱し、1を入れて表面を焼きつける。

3 鍋に2を並べて入れ、Bを加えて火にかけアルコールをとばし、煮立ったらアクをとりながら煮汁が半分になるまで煮る。みりん、しょうゆを加えて途中何度か鍋を揺すりながら汁にとろみがでるまで煮からめる。

梅シロップで

梅シロップのゼリー

プルプルやわやわの梅ゼリー。リッチな風味の隠し味はメープルシロップです。

材料（2人分）

梅シロップ(→p.46)… 120mℓ
水… 180mℓ
メープルシロップ… 小さじ1
アガー*… 9g
グラニュー糖… 5g

＊ゼラチン、寒天とくらべて透明度が高く、また常温でも溶けないのが特長。食感はゼラチンと寒天の間くらいのプルっとした感じ。原材料は海藻など植物の抽出物。

作り方

1 アガーとグラニュー糖はよく混ぜ合わせる。

2 鍋に梅シロップ、水、メープルシロップを入れ、**1**を加えてよく混ぜ合わせて火にかける。煮立ったら火からおろし、器に等分に注ぐ。

3 **2**の粗熱がとれたら、冷蔵庫で1〜2時間冷やし固める。

梅シロップの梅の中国茶煮

梅シロップ漬けの梅を中国茶で煮るとお茶請けに。

材料と作り方（6個分）

鍋に梅シロップ（→p.46）の梅6個、中国茶の茶葉*5gを入れ、水150mℓ、三温糖40gを加えて弱火にかけ、梅がふくらんでぷっくりとなるまでゆっくり煮る。

＊中国茶は烏龍茶、ジャスミン茶などを。

梅シロップのかき氷

暑い日の梅シロップかき氷は生き返るおいしさ！

材料と作り方

器にかき氷を山盛り盛って、梅シロップ漬け（→p.46）の梅を添え、梅シロップをかける。

梅ジャムのサンドイッチ

バターと梅ジャムのシンプルなサンドイッチです。

材料と作り方

耳を切り落としたサンドイッチ用の食パンにやわらかくしたバター（加塩タイプ）を塗って、梅ジャム（→p.76,78）をたっぷり塗ってはさみ、食べやすく切り分ける。

梅ジャムのシリアル＆ヨーグルト

梅の酸味がサクサクしたシリアルとよく合います。

材料と作り方

器に好みのシリアルを盛り、ヨーグルトをかけ、梅ジャム（→p.76,78）をかける。

梅ジャムのパウンドケーキ

ボウルひとつで順番に混ぜて焼くだけ。梅ジャムとバターのコクの相性を楽しんで。

材料（18.5㎝×9㎝のパウンド型1本分）

無塩バター… 100g
グラニュー糖… 100g
小麦粉（薄力粉）… 140g
ベーキングパウダー
　… 小さじ1
卵… 2個
塩… ひとつまみ
梅ジャム（→p.76,78）… 100g

作り方

1　無塩バターと卵は冷蔵庫から出して室温にもどす。薄力粉とベーキングパウダーは合わせてふるう。型にクッキングシートをセットする。オーブンは180℃に予熱する。

2　**1**のバターをボウルに入れてハンドミキサーで白っぽくなるまでやわらかくする。グラニュー糖を3回に分けて加えて混ぜる。

3　卵を加えて混ぜる。分離しないようにハンドミキサーは回し続けること。

4　泡立て器に持ちかえて、**1**のふるった粉類を2回に分けて加えて混ぜ、塩、梅ジャムを加えてヘラで大きくひと混ぜする。

5　**1**の型に流し入れて180℃のオーブンで40～50分焼く。焼けたら型から網に取り出して粗熱をとる。

保存の目安	常温で1週間くらい

梅仕事の問題はこれで解決！

Q&A

梅仕事のなかで発生するよくある問題をＱ＆Ａにまとめました。梅干しや梅シロップをはじめて作る人はもちろん、毎年作っている人も作業の途中で「これでいいの？」「どうしたらいいの？」と迷うことがあるでしょう。そんなとき、きっと役に立つでしょう。

梅仕事スタート編

Q　買った梅は何日くらい鮮度がもちますか。

A　買ったらなるべく早く梅仕事にとりかかりしょう。

青梅はおいておくと追熟して黄色くなり、さらに時間が経つと水分がとんでシワがよったりして劣化します。黄熟梅は青梅よりもさらに傷みやすいので、なるべく買った日に梅仕事にとりかかりたいものです。梅以外に必要な塩や氷砂糖などの材料、ふきん、保存容器など道具の用意をしてから梅を購入する日を決めましょう。

Q　青梅を水にさらす時間がないときは洗うだけでいいですか。

A　青梅は必ず水にさらしてアクをぬきましょう。

青梅には若い未熟な果実特有のアクがあります。必ず水にさらして、アクぬきをしましょう。一方、熟した黄熟梅はアクが少ないですし、熟した実は水にさらすと傷むことがあるので、手早くやさしく水洗いするだけにしましょう。

Q　梅のヘタの下に黒いものが見えるのですが、とり除けません。

A　なり口の奥の黒いものは種の端です。ほじらないこと。

竹串でヘタをとり除いたあと、奥に黒いものが見えてもほじらないこと。奥をほじると果皮を破ったり、果肉まで傷つけたりしてしまうことがあります。ヘタがとれたらＯＫ。水けをしっかりふいてそのままにしましょう。もし、ヘタがとれない場合も無理をしないこと。漬けている間に自然にとれてきます。ことに黄熟梅はとても傷つきやすいので注意しましょう。

Q 梅干し用に買った梅に、キズがあるものが混ざっています。

A キズ梅は、梅シロップ、梅サワー、梅酒にしましょう。

梅干しは皮を含めて丸ごと果肉を味わうので、きれいな梅で作るほうがより満足できる仕上がりになります。でもエキスを味わう梅シロップ、梅サワー、梅酒は多少のキズやシミはまったく問題になりません。とくに梅サワーや梅酒は、酢や酒に漬けるので、キズから傷む心配もありません。小さな保存瓶でキズ梅だけで作ってもいいでしょう。少量でもキズ梅でも、下準備のプロセスは省かないことが肝心です。また、調理の時間がとれるなら、ジャムにするのもおすすめです。煮込むのでかなりのキズ梅もジャムならＯＫです。

梅干し編

Q 梅干しは何年ぐらい食べられますか。

A 常温で数十年保存できます。

祖父母が昔作った梅干しが残っているという話も珍しくありません。塩漬けして天日干しした梅干しは、水分が少なくて塩分が高く、腐敗したりカビがはえたりしにくい保存食品です。常温で保存環境が安定していれば30年から50年、ときには百年以上もちます。

Q 梅干しは好きだけど、塩分が気になるので塩を減らしたいです。

A 梅干しは保存食なので、保存がきくように20〜15％で作りましょう。

本書の梅干しは塩分17％（小梅は15％）で作っています。梅1kgに対して塩（粗塩）170ｇです。この分量だと、塩味が強すぎずに風味がよく、家庭で作ってもカビや腐敗による失敗がおきにくいのです。塩分を減らすと、梅酢があがらずどうしてもカビや腐敗が発生しやすく、保存にも適しません。

減塩の梅干しを作りたい場合は、レシピどおりに作って熟成させた梅干しを、塩ぬきします。塩ぬきした梅干しは、冷蔵庫で保存して短期間に食べましょう。詳しくは→p.42

Q 梅干しを漬けるときの塩はなにがいいのですか。

A 「粗塩」がおすすめです。

「粗塩」は粒子が粗くしっとりとして湿気もあるので梅にからみやすく、梅を漬けるのに適しています。また、にがりを含んでいるのでカドが立たず梅の風味をまろやかにしてくれるよさもあります。「焼き塩」は、粗塩を焼いたサラサラの塩で、梅にからまないので梅漬けには不向き。「精製塩」は、精製してにがりなどうま味を除いた塩なのでやはりおすすめできません。また、海外産のミネラルが豊富でうま味のある塩が出回っていますが、ミネラルのひとつカルシウム分が多いと梅のペクチンに作用して皮がかたくなることもあります。梅との相性がわかっている「粗塩」が安心です。

Q 梅酢が上まであがってきません。

A 重しを少し重くしてみましょう。

分量の粗塩につけて、梅の重量の約2倍の重しをすると、早ければ梅酢が翌日から上がり始め、3日から4日、おそくても5日後にはあがります。もし、漬け込みに精製塩や焼き塩を使っていると、サラサラと梅を伝って塩が底にたまってしまい塩が梅にまわらないため、梅酢があがりにくい場合があります。また、粗塩の分量も重しもレシピどおりでも、梅がまだ黄熟していなかった場合も梅酢がなかなかあがってこないことがあります。どちらにしても、容器ごとゆすって塩を全体にまわし、重しを少し重くして様子をみましょう。

土用干し編

Q 三日三晩干すといいますが、夜も外に干すのですか。

A 現代住環境では、夜は室内に入れましょう。

日中は太陽に当てて、夜は冷えた外気（夜露）に当て、その温度差で梅がまろやかになるということを経験的に「三日三晩干す」と言い習わしてきました。しかし、現在は夜の外気は冷えず、エアコンの室外機の熱で室内よりも暑い場合もあるので、夜は室内に入れましょう。可能なら、クーラーを夜通し効かせた涼しい部屋に置いて「夜露」環境を作ることができれば理想的です。その場合、直接クーラーの風が当たる場所に置くのは避けましょう。

Q 途中干せない日が長く続く場合はどうしたらいいですか。

A 梅酢の中に戻しましょう。

梅酢の中に戻して梅酢に漬けて、重しをして干す前の状態にして、干せる状況になったらあらためて干しましょう。

Q 庭がなくて土用干しができません。

A 日差しが入ればベランダでも窓辺でもOKです。

土用干しの目的は天日に当てて日光消毒しながら余分な水分をとばすことです。夏の日差しは強いので、日に何時間か日光が入ればベランダでも窓辺でも干すことができます。3日干しても干し足りないと感じたら、もう1日干しましょう。

Q 平らなザルがありません。バットに並べて干してはダメですか。

A 通気性がないとムレる心配があります。小さなザルや網に小分けにして干しましょう。

干している面だけではなく、陰になる面にも風が通るようにザルやバット用の網に並べて干しましょう。干物干しネットを利用する手もあります。

Q 土用に3日連続して干すことができません。

A 土用に限らず日差しの強い日を選んで干しましょう。

タイミングが合わず干す時間がないことも、土用でも天気が悪いこともあります。最近は温暖化で9月、10月でも日差しが強い日が続くので、秋になっても干すことができます。また連続して3日干すのが無理なら、合計3日でも大丈夫。

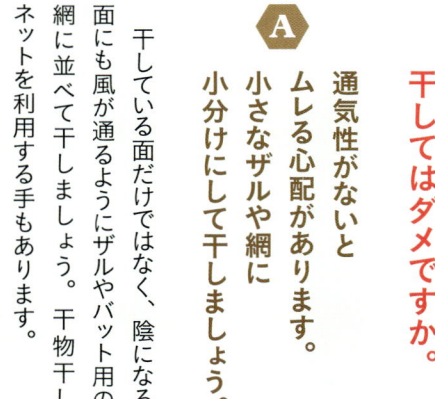

Q 干している間に裏返すタイミングがわかりません。

A 梅干しの中まで熱くなったら裏返すくらいのタイミングです。

梅につきっきりでこまめに裏返すのは、むしろNGです。短時間で裏返すと、表面は熱くなって乾いていても中まで日光熱が通っておらず、日光消毒になりません。初日はザルにくっつかないように2〜4回、その後は1回か2回を目安に裏返しましょう。

Q 干しておいたら急に雨がふって、濡らしてしまいました。

A 梅酢を霧吹きでかけて、干し直せば大丈夫です。

ザルにならべて、霧吹きで1個ずつ梅酢を吹きかけます。このときペーパーなどで梅をふくのはNG。皮を傷つけてしまいます。晴れたらまた3日間干しましょう。

そのほかの梅仕事

Q 梅は「かなけを嫌う」ってなんのことですか。

A 「かなけ」とは金属のこと。梅は酸と塩気が強いので金属と相性が悪いという意味で「嫌う」といいます。

梅は強い酸をもっていますし、そこに塩が加わった梅干しの酸と塩のパワーは半端ではありません。長い間には鉄、銅、アルミなどを腐食してしまうほどです。梅仕事の保存容器と重しは金属厳禁。ホウロウ製や陶器、ガラス製、セラミック、樹脂製を使いましょう。ガラス瓶の金属のふたは内側が樹脂コーティングされているものを選びましょう。

Q 梅シロップ、梅サワーや梅酒を作るとき、梅に竹串や針で穴をあけますか。

A 梅に穴をあける必要はありません。

梅の果皮にはもともと細小な穴があります。梅シロップも梅サワーも梅酒も、砂糖やアルコールに漬けて浸透圧の作用を利用して、もともとある細小な穴から梅のエキスを抽出して作るシンプルなものです。穴をあけて果皮にキズをつける必要はありません。果皮が傷ついて果肉が出てくると、濁りやカビの原因にもなります。穴をあけるのは、みつ煮など丸ごと煮含めたい場合だけです。

Q 梅酒は青梅でなければできませんか。

A 黄熟した梅でも作れます。

夏の味覚として青梅のさわやかな風味が好まれ、青梅の健康効果への期待もあって青梅で作るのが一般的ですが、黄熟した梅で作ると豊かな香りと濃厚なコクのある梅酒になります。作り方は青梅と同様です。梅干し用の黄熟梅を多めに購入し、きれいな梅を梅干しにし、少しキズのあるものを梅酒にするのも合理的です。

Q 梅酒用の酒はホワイトリカーだけですか。

A いいえ、好きな酒で作ることができます。

果実酒用として販売されているホワイトリカー（アルコール度35％）は焼酎の仲間です。無色透明で香りのない焼酎なので梅の風味をそのまま生かし、口当たりのよい梅酒ができます。お好きなら、焼酎、ジン、ラム酒、ブランデー、ウイスキーなどもそれぞれ味わい深い梅酒になります。本書でも紹介しています→p.66。

ただし、日本酒やワインのようなアルコール度数20％に満たない酒で個人が酒を作ることは、酒税法で禁じられています。アルコール度数が低い酒に果実を加えるとさらに醸造が進む可能性があるため、「酒を醸造した」ことになるからです。梅酒は、梅で酒を醸して造るのではなく、「梅の酒漬け」だからＯＫなのです。

Q 梅エキスは青梅でしか作れませんか。

A 梅エキスは青梅で作ってこそ価値あります。

青梅の果汁を加熱すると梅の糖とクエン酸が結合してムメフラールという成分ができます。そのムメフラールによる血流の改善や生活習慣病の予防効果が梅エキスの魅力です。青梅で作りましょう。

Q 生の青梅を食べるとお腹を壊すといいます。

A 青梅には青酸配糖体（アミグダリン）という物質が含まれ、それが体内の酵素と出合うと有害な青酸（シアン化水素）に変わるためです。

青酸配糖体は種や果肉を守るためのものなので、種がまだやわらかい幼い青梅に多く、果肉よりも種に多く含まれています。それ自体に毒性はありません。また人体に危険を及ぼす青酸配糖体の量の目安は、青梅の果肉で100個分といわれているので、そこまで神経質になる必要はありません。梅の実が熟してきて種がかたくなると果肉は種を守る必要がなくなるので、熟す課程で青酸配糖体は分解されます。ですから完熟した生の梅なら果肉を味見程度に食べてもまったく問題ありません。ただし、生の種の仁（種の中の白色の部分）は食べないこと。梅干しなどに加工した種の仁は大丈夫です。

柳澤由梨　（やなぎさわ ゆり）

和食店「庭niwa」店主。

東京生まれ。幼少期を父の赴任地であったイスラエルで過ごす。文化女子大学卒業後、家具職人を志し京都の「宇納家具工房」にて木工の修業時代を送り、都内インテリアショップに勤務。その後、人の一生に欠かすことができない「食」世界を探求するために一念発起。料理教室のアシスタントを経て、割烹西麻布「眞由膳」に勤めた後、独立。2016年、都内・代官山（渋谷区鉢山町）に和食店「庭niwa」を開店。日本料理に基づきながら育ったなかで得た広範な「食」を融合させた、素直なおいしさにあふれる魅力的な料理で人気。なお梅干し作り歴は長く、小学校時代の自由研究のテーマに「梅干し作り」をとりあげた梅干し愛好家。

Special Thanks

株式会社　梅一番井口
和歌山県日高郡みなべ町西本庄1224
フリーダイヤル　0120-197-832
http://www.ume1.com

Staff

撮影 ◆ 三木麻奈
アートディレクション ◆ 大薮胤美（フレーズ）
デザイン ◆ 宮代佑子（フレーズ）
校正 ◆ 堀江圭子
調理アシスタント ◆ 石川可奈／田巻美也子
構成・編集 ◆ 亀山和枝
企画・編集 ◆ 川上裕子（成美堂出版編集部）

わが家のおいしい　梅干し・梅シロップ・梅酒のレシピ

著　者　柳澤《やなぎさわ》由《ゆ》梨《り》
発行者　深見公子
発行所　成美堂出版
〒162-8445　東京都新宿区新小川町1-7
電話(03)5206-8151　FAX(03)5206-8159
印　刷　凸版印刷株式会社

ISBN978-4-415-32617-7
落丁・乱丁などの不良本はお取り替えします
定価はカバーに表示してあります